THE SEVEN SPIRITS OF GOD

Chris Oyakhilome

LoveWorld Publications

하나님의 일곱 영

기적을 일으키는 신성한 비밀들

크리스 오야킬로메 지음 | Paula Kim 옮김

믿음의말씀사

THE SEVEN SPIRITS OF GOD
ISBN 978-37865-0-4
Copyright ⓒ 2006 LoveWorld Publications
e-mail: cec@christembassy.org
website: www.christembassy.org

2011 / Korean by Word of Faith Company, Korea.
Translated and published by permission. Printed in Korea.

하나님의 일곱 영

1판 1쇄 인쇄일 · 2011년 7월 16일
1판 1쇄 발행일 · 2011년 7월 19일

지 은 이	크리스 오야킬로메
옮 긴 이	Paula Kim
발 행 인	최 순 애
펴 낸 곳	믿음의 말씀사
주 소	경기도 용인시 기흥구 마북동 320-2 엔젤빌딩 3층
전화번호	(031) 8005-5483 / 5493 FAX : (031) 8005-5485
홈페이지	http://faithbook.kr
출판등록	제68호 (등록일 2000. 8. 14)

ISBN 89-94901-18-3 03230
값 5,000원

본 저작물의 한국어판 저작권은 LoveWorld Publishing와의 독점 협약으로 '믿음의 말씀사' 가 소유합니다. 저작권법에 의해 한국 내에서 보호를 받는 저작물이므로 무단 전재와 복제를 금합니다.

본 책에 인용된 성경 구절은 개역개정이며, 예외의 경우에는 따로 표기함.

목 차

들어가는 말 ··· 6

1장 일곱 영들 ··· 10

2장 주의 영 ··· 21

3장 지혜의 영 ··· 37

4장 명철의 영 ··· 48

5장 모략의 영 ··· 58

6장 능력의 영 ··· 69

7장 지식의 영 ··· 78

8장 주를 경외하는 영 ···································· 90

9장 성령 충만 ··· 95

들어가는 말
Introduction

처음 "하나님의 일곱 영"이라는 제목을 듣거나 읽을 때 당신 마음에 떠오르는 첫 번째 의문은 아마도 '하나님께서 일곱 분의 성령을 가지고 계신다는 말인가?' 일 것입니다.

성경은 "하나님의 일곱 영들The Seven Spirits of God"에 대해 말합니다. 우리는 이것이 무슨 뜻이며, 또 새 언약 안에 있는 우리에게 어떻게 적용되는지 정확히 이해할 필요가 있습니다.

원래 **일곱(7)**이라는 숫자는 히브리인들에게 신성한 숫자로 여겨졌고, 성경 전반에서 완전함, 충만함, 풍성함, 안식, 완벽함을 상징하기 위해 사용되었습니다. 그러므로 "하나님의 일곱 영들"은 성령님의 "완벽성" 또는 "충만함"을 내포하며, 성령님의 이 충만함은 모든 그리스도인이 지녀야 하는 것입니다. 왜냐하면 그것이 우리의 타고난 권리이기 때문입니다.

언젠가 한번은, 내가 아주 존경하는 한 사역자가 많은 믿는 자들이 받아들여 왔던 것을 말했습니다. 즉, 그것은 오직 예수님만이 한량없는 성령을 지니셨지만, 거듭나고 성령의 충만을 받은 우리 믿는 자 각각은 제한적인 분량의 성령님을 갖는다는 것입니다.

글쎄요. 그 말은 성경에 없기 때문에 나는 그 말을 받아들여 내 것으로 삼지 않습니다. 많은 그리스도인들이 이것을 받아들여 왔던 이유는 그들이 성령님의 나타나심과 역량을 이해하지 못한 까닭입니다. 그들은 성령님께서 전 세계를 통해 자신을 확장하실 수 있는 유일한 방법이 예수님 안에서는 충만하고, 우리 각자 안에는 작은 분량만큼만 있는 것이라 생각합니다. 하지만 진실은 당신이 거듭나서 성령을 받았을 때, 일정 분량의 성령님이 아니라 성령님 전부를 받았다는 사실입니다!

한량없는 성령

하나님의 영이 모세와 삼손과 다윗과 이사야 및 하나님의 모든 선지자와 제사장과 사사들, 그리고 구약의 왕들 위에 임하셨을 때, 그들은 일정 분량만큼의 기름부음을 받았습니다. 그러나 성경은 예수님에 대해 "하나님이 보내신 이는 하나님의 말씀을 하나니 이는 하나님이 성령을 한량없이 주심이니라"(요 3:34)라고 말씀합니다. 예수님께서는 하나님의 영(또는 기름부음)을 일정 분량만큼이 아니라, 충만하게 가지신 최초의 사람이셨습니다.

하나님의 영의 충만함을 가지셨던 똑같은 예수님께서 하늘로 승천하시기 직전에 제자들에게 "아버지께서 나를 보내신 것 같이 나도 너희를 보내노라"(요 20:21)라고 말씀하셨습니다. 자, 생각해 보십시오. 우선 아버지가 보내신 그 일을 하기 위해 예수님께서는 충만한 분량의 성령이 필요했습니다. 그리고 그분께서는 자신이 아버지로부터 보냄을 받은 것과 동일한 방식으로 우리를 보내셨습니다. 그렇다면 우리가 왜 충만한 성령이 아닌 제한된 분량의 성령을 가지고 보냄을 받아야 하겠습니까?

더구나 예수님께서는 요한복음 14:12에서 이렇게 말씀하셨습니다. "내가 진실로 진실로 너희에게 이르노니 나를 믿는 자는 내가 하는 일을 그도 할 것이요 또한 그보다 큰 일도 하리니 이는 내가 아버지께로 감이라"라고 말씀하셨습니다.

우리가 가진 전부가 예수님께서 지상에 있는 동안 가지셨던 성령의 한 분량에 지나지 않는다면 예수님께서 하셨던 것과 똑같은 일, 심지어는 더 큰일을 우리가 어떻게 할 수 있겠습니까?

그러나 하나님께 감사드리는 것은, 우리는 그리스도 예수와 공동 상속자들이라는 사실입니다(롬 8:17). 그 의미는 우리가 예수님께서 가지셨던 것과 동일한 기름부음을 갖는다는 뜻입니다. 성령의 일부 또는 제한된 분량이 아니라, 온전한 성령님께서 우리 안에 계십니다. 하나님을 찬양합니다! 이 책을 통해서 나는 당신 안에 성령의 충만함에 대한 강한 갈망을 휘저을 뿐만 아니라, 당신 삶에서 그것을 활성화하기 위해 필요한 계시지식도 당신에게 전이하고자 합니다.

  당신이 이 책을 읽을 때 당신의 영에 다가올 가르침과 계시들을 통해서 당신이 성령님의 새롭고 깊은 차원을 발견하리라는 것이 나의 강한 믿음이며, 진정한 기도입니다. 당신은 항상 성령의 충만함 속에서 활동할 수 있습니다. 그러면 당신은 지속적으로 기적과 초자연적인 삶을 살게 될 것입니다.

일곱 영들
The Seven Spirits

사 11:1-4 (한글킹제임스)
이새의 줄기에서 한 싹이 나며 그 뿌리에서 한 가지가 나서 결실할 것이요 그의 위에 여호와의 영 곧 지혜와 총명의 영이요 모략과 재능의 영이요 지식과 여호와를 경외하는 영이 강림하시리니 그가 여호와를 경외함으로 즐거움을 삼을 것이며 그의 눈에 보이는 대로 심판하지 아니하며 그의 귀에 들리는 대로 판단하지 아니하며 공의로 가난한 자를 심판하며 정직으로 세상의 겸손한 자를 판단할 것이며…

예수님께서는 이사야가 이새의 줄기에서 나오리라고 예언했던 가지입니다. 이새는 다윗의 아버지요, 예수님은 자신을 다윗의 뿌리이자 자손이라고 묘사하셨습니다(계 22:16). 예수님은 다윗이 나온 뿌리이시지만, 또한 육신적으로는 다윗의 후손으로서 다윗의 계보로부터 이 땅에 오시기도 했기 때문입니다. 그것이 바로 예수님께서 공관복음서(마태, 마가, 누가복음)에서 몇 차례 다윗의 아들로 불리게 되었던 까닭입니다.

이사야는 예수님에 관해 예언하기를, 그가 오실 때 주를 두려워하는 가운데 그를 속히 명철케 하시는 성령으로 충만하실 것이고, 따라서 예수께서는 그의 눈으로 보는 대로 판단하지 않고 귀로 듣는 대로 책망하지 아니하며, 가난한 자들과 온유한 자들을 의와 정직으로 책망하실 것이라고 말했습니다(사 11:3-4, 한글킹제임스).

그러나 내가 진정으로 당신이 관찰하기를 바라는 것은 이사야가 예수님 위에 임하신 성령에 대해 제시하는 묘사입니다.

사 11:2
그의 위에 여호와의 영 곧 지혜와 총명의 영이요 모략과 재능의 영이요 지식과 여호와를 경외하는 영이 강림하시리니

이것이 성령님에 대해 특별한 것을 우리에게 가르치고 있습니다. 당신이 그것을 주의 깊게 공부하지 않고 이 성경부분을 속독한다면, 그것을 이해하지 못할 것입니다. 그러나 계시로 말미암아

당신은 하나님께서 이 구절과 다른 몇 가지 구절을 통해서 실제로 **하나님의 일곱 영**이 있음을 보여주시는 것을 볼 수 있습니다.

성경 몇몇 구절은 성령에 대해 일곱 눈, 일곱 영 또는 일곱 등불이라고 말씀합니다. 우리는 이것을 간략하게 살펴볼 것입니다.

성령의 일곱 가지 독자적인 나타나심

이사야 11:2에는 일곱 가지 독특한 '영들'이 언급됩니다. 이는 다음과 같습니다.

- 주(여호와)의 영 The Spirit of the Lord
- 지혜의 영 The Spirit of Wisdom
- 명철(총명)의 영 The Spirit of Understanding
- 모략의 영 The Spirit of Counsel
- 능력(재능)의 영 The Spirit of Might
- 지식의 영 The Spirit of Knowledge
- 주를 경외하는 영 The Spirit of the fear of the Lord

일곱 영들 전부는 실제로 한분 성령님께서 다양한 모습으로 나타나신 것입니다. 요한계시록 1:4, 4:5, 5:6에서도 성령님을 묘사하기 위해서 "일곱 영"이라는 똑같은 용어가 사용됩니다.

계 1:4
요한은 아시아에 있는 일곱 교회에 편지하노니 이제도 계시고 전에도 계셨고 장차 오실 이와 그의 보좌 앞에 있는 일곱 영과

계 4:5
보좌로부터 번개와 음성과 우렛소리가 나고 보좌 앞에 켠 등불 일곱이 있으니 이는 하나님의 일곱 영이라

계 5:6
내가 또 보니 보좌와 네 생물과 장로들 사이에 한 어린 양이 서 있는데 일찍이 죽임을 당한 것 같더라 그에게 일곱 뿔과 일곱 눈이 있으니 이 눈들은 온 땅에 보내심을 받은 하나님의 일곱 영이더라

　하나님의 일곱 영은 성령님의 일곱 가지 독자적인 나타나심을 가리킵니다. 하지만 이것은 우리가 신성이 세 인격으로 이루어져 있다고 말하는 것과는 다릅니다. 삼위일체는 전혀 다른 현상입니다. 삼위일체 각 위격인 성부와 성자와 성령은 독특한 성격과 속성을 지니신 구별된 인격이십니다.
　하나님의 일곱 영 안에서 우리는 한분의 인격(성령님)과 성령님이 활동하시고 자신을 나타내시는 일곱 가지 방식을 다루고

있습니다. 우리는 "칠중 성령"에 대해 말하고 있습니다. 당신은 이 용어를 요한계시록 1:4에 대한 영어 확대번역 성경에서 발견하게 될 것입니다.

> 계 1:4 (AMP)
> 요한이 아시아에 있는 일곱 성회(교회)에 편지하노니, 은혜(공로 없이 주시는 하나님의 호의)와 지금도 계시고 이전에도 계셨고 장차 오실 분으로부터, 그리고 그의 보좌 앞에 계신 일곱 영[칠중 성령the sevenfold Holy Spirit]으로부터 평강(그리스도의 왕국의 평강)이 너희에게 선사되기를 바라노라

이 구절은 상당히 충격적입니다. 이 구절은 성령의 일곱 가지 구별되는 인격체가 아니라 믿는 자의 삶 속에 나타나는 성령의 일곱 가지 독자적인 나타나심에 대해 말씀하고 있습니다. 성령의 일곱 가지 독자적인 나타나심은 성령의 충만함을 가리킵니다.

하나님의 이 일곱 영에 대한 이사야의 예언적인 말은 당신이 성경의 다른 부분을 읽을 때까지는 즉시로 이해되지 않을 수도 있습니다. 구약의 또 다른 선지자인 스가랴는 "일곱 영"에 대해 더 많은 빛을 비추는데 도움을 줍니다.

슥 3:9
만군의 여호와가 말하노라 내가 너 여호수아 앞에 세운 돌을
보라 한 돌에 일곱 눈이 있느니라 내가 거기에 새길 것을 새기
며 이 땅의 죄악을 하루에 제거하리라

여기에서 스가랴가 "한 돌에 일곱 눈이 있느니라"라고 말한 것을 염두에 두십시오.

슥 4:10
작은 일의 날이라고 멸시하는 자가 누구냐 사람들이 스룹바벨
의 손에 다림줄이 있음을 보고 기뻐하리라 이 일곱은 온 세상
에 두루 다니는 여호와의 눈이라 하니라

스가랴 선지자는 한 돌 위에 일곱 눈들이 있을 것이라 말했습니다. 여기 스가랴 4:10에서 스가랴 선지자는 한 돌 위에 있는 일곱 눈들을 가리켜 온 세상을 두루 다니는 주의 눈이라고 말합니다.

계 5:6
내가 또 보니 보좌와 네 생물과 장로들 사이에 한 어린 양이
서 있는데 일찍이 죽임을 당한 것 같더라 그에게 일곱 뿔과

일곱 눈이 있으니 이 눈들은 온 땅에 보내심을 받은 하나님의
일곱 영이더라

위에서 인용된 세 성경구절은 모두 한 가지, 즉 하나님의 일곱 영 또는 다르게 말하면 칠중 성령과 성령의 역사에 대해 말씀합니다. 요한계시록 1:4과 4:5은 이 점을 우리에게 보다 많이 말씀합니다.

계 1:4
요한은 아시아에 있는 일곱 교회에 편지하노니 이제도 계시고 전에도 계셨고 장차 오실 이와 그의 보좌 앞에 있는 <u>일곱 영</u>과

계 4:5
보좌로부터 번개와 음성과 우렛소리가 나고 보좌 앞에 켠 등불 일곱이 있으니 이는 하나님의 일곱 영이라

여기에서도 "일곱 영"이 언급됩니다. 스가랴 선지자가 한 돌 위에 일곱 눈들이 있을 것이라 예언했다는 사실을 기억하십시오. 스가랴 선지자가 말하고 있었던 그 돌은 스가랴 3:8과 스가랴 6:12에서 '싹' 이라고 언급된 것과 같은 것이었습니다. 이사야 선지자 역시 그분을 싹이라고 불렀습니다(사 11:1). 이는 그 싹이 돌이라 불린 분, 즉 그리스도와 동일한 분이란 뜻입니다.

신약으로 넘어오면, 베드로는 그분을 "산 돌"과 "보배로운 모퉁잇돌"이라 부릅니다.

벧전 2:3-6
갓난 아기들 같이 순전하고 신령한 젖을 사모하라 이는 그로 말미암아 너희로 구원에 이르도록 자라게 하려 함이라 너희가 주의 인자하심을 맛보았으면 그리하라 사람에게는 버린 바가 되었으나 하나님께는 택하심을 입은 보배로운 산 돌이신 예수께 나아가 너희도 산 돌 같이 신령한 집으로 세워지고 예수 그리스도로 말미암아 하나님이 기쁘게 받으실 신령한 제사를 드릴 거룩한 제사장이 될지니라 성경에 기록되었으되 보라 내가 택한 보배로운 모퉁잇돌chief corner stone:최고 모퉁잇돌을 시온에 두노니 그를 믿는 자는 부끄러움을 당하지 아니하리라 하였으니

예수님께서 그 돌이시며, 따라서 우리도 예수님으로부터 형성되고 예수님을 따라 조성된 산 돌들입니다. 다시금 "한 돌에 일곱 눈이 있느니라"라는 스가랴 선지자의 말을 보십시오. 스가랴 선지자가 "그 돌 위에"라고 말하지 않고, "한one 돌 위에"라고 말한 것에 주목하십시오. 이는 다른 돌들도 있으며 그 각각의 돌들 위에도 일곱 눈들이 있을 것이라는 뜻입니다.

베드로 역시, 그분(예수님)이 최고의 모퉁이돌이시며 우리 또한 산 돌들이라고 말했습니다. 예수님의 임재 안에서 우리 각자가 하나의 돌입니다.

예수님께서 싹branch;가지이라고 불린다는 사실을 다시 기억하십시오. 그래서 예수님께서 "나는 포도나무요 너희는 가지라" (요 15:5)라고 말씀하셨습니다. 이것은 우리에 대한 이야기입니다. 우리는 가지의 가지들입니다. 우리는 산 돌들이며, 우리 각자 위에는 하나님의 일곱 영인 일곱 눈들이 있음에 틀림없습니다.

왜 일곱 영들인가?

성경이 성령님을 하나님의 일곱 영으로 말씀할 때 그것은 성령의 충만함을 말합니다. 당신의 삶에 그 충만함이 있을 수도 있고 없을 수도 있겠지요.

에베소서 5:18에서 바울은 **"술 취하지 말라 이는 방탕한 것이니 오직 성령으로 충만함을 받으라"**라고 우리에게 촉구합니다. 바울이 우리에게 성령으로 충만하라고 가르쳤다는 것은 곧 우리가 항상 성령 충만하지는 않다는 것을 전제로 합니다. 우리가 항상 성령으로 충만했다면, 바울은 아마 "이는 너희가 성령으로 충만해졌기 때문이라."라고 말했을 것입니다.

성령님께서 당신 안에 사시려고 오시면, 성령님은 항상 당신 안에 계실 것입니다. 예수님께서는 성령님께서 당신과 영원히 함께 하실 것이라고 말씀하셨습니다(요 14:16). 그러나 이것이 당신이 항상 성령 충만할 것이란 말은 아닙니다. **당신 안에 하나님의 일곱 영보다 적은 수가 나타나 있다면, 이는 당신이 성령 충만하지 않다는 뜻입니다.** 하지만 하나님께서는 우리가 항상 성령으로 충만하기를 원하십니다. 하나님께서는 우리 안에 성령의 충만함이 있기를 원하시며, 우리는 그렇게 할 수 있습니다. 왜냐하면 성령의 충만함은 우리 것이기 때문입니다!

요한복음 3:34은 예수님께서 한량없이 성령을 받으셨다고 말씀합니다. 이는 예수님 안에 하나님의 일곱 영 모두가 거하셨다는 뜻입니다. 예수님께서는 신격의 모든 충만함이 몸의 형태로 거하셨습니다. 그러므로 바울은 우리가 모든 통치와 권세의 머리이신 그분 안에서 온전하게 된다고 말합니다(골 2:9-10).

따라서 하나님의 모든 자녀는 성령 충만해야 합니다. 우리 가운데 누구도 제한된 분량의 성령을 가져서는 안 됩니다. 바울이 우리에게 "성령으로 충만함을 받으라"라고 촉구했을 때, 그는 성령의 이러한 온전함 또는 충만함에 대해 말하고 있었습니다.

요한계시록 5:6은 하나님의 일곱 영 모두가 온 땅으로 보내심을 받았다고 선포합니다. 이는 성령을 받은 모든 그리스도인 안에는 실제로 하나님의 이 일곱 영들이 거하신다는 뜻입니다.

더욱이 스가랴 선지자는 각각의 돌들 위에 일곱 눈들이 있을 것이며, 이 일곱 눈들이 하나님의 일곱 영이라고 예언했습니다.

하지만 성령을 받는 것과, 그분을 당신의 삶 가운데 완전하게 나타내는 것은 전혀 다른 일입니다. 우리가 이 일곱 영들을 가질 수 있다는 것을 아는 것도 엄청난 일이지만, 더 중요한 것은 그 일곱 영들이 우리를 위해 하는 일과 우리가 일곱 영 안에서 행하는 법을 아는 것입니다. 주님께서 이 일곱 영들을 통해 당신의 삶 가운데 그분 자신을 완전하게 나타내지 않는다면, 당신은 초자연적인 것과 기적으로 가득 찬 최고의 기독교를 결코 누리지 못할 것입니다.

주의 영
The Spirit of The Lord

사 11:2 (한글킹제임스)
주의 영이 그의 위에 머물리니…

이사야 선지자가 언급한 일곱 중 첫 번째는 **주의 영**입니다. 이는 **주되심의 영**the Spirit of Lordship 또는 **통치의 영**the Spirit of dominion 으로도 알려져 있습니다.

"임하시는" 분

많은 그리스도들이 이 영에 대해 별로 알지 못합니다. 그는 항상 "위에 머무르시는rest upon" 분 또는 "위에 임하시는comes upon"

분이십니다. 그는 당신이 섬길 수 있도록 능력으로 당신을 기름 부으시는 분입니다. 구약과 신약에서 묘사된 그분은 항상 "임하십니다."

주의 영은 당신에게 담대함과 다스림의 감각을 주십니다. 주의 영은 당신으로 하여금 그 상황을 책임지게 하십니다. 이는 구약의 선지자들이 평소에는 두려워했던 왕 앞에서 하나님의 말씀을 선포하기 위해 설 때 필요했던 것이었습니다. 그들이 두려움이나 겁이 없이 하나님의 말씀을 말하고 환경을 다스리기 위해 담대함이 필요할 때마다, 주의 영이 그들에게 임하여 능력을 주셨습니다.

당신은 선지자들에 대해서 종종 "여호와(주)의 영이 임하셨으니"라는 말씀을 읽을 것입니다. 그것은 역사하는 주의 영이었습니다. 그들이 주도권을 장악했고, 따라서 앞에 있던 자는 그들에게 아무 일도 할 수 없었습니다.

주의 영이 있었기 때문에 엘리야는 지독히 사악한 아합 왕을 찾아가서 하나님의 메시지를 전할 수 있었습니다. 아합은 엘리야를 보자 "내 대적자여, 네가 나를 찾았느냐!"라고 소리쳤고, 엘리야는 "내가 찾았노라, 네가 네 자신을 팔아 여호와 보시기에 악을 행하였다!"라고 대답했습니다(왕상 21:20). 엘리야는 주의 영에 의해 감동되었기 때문에 이러한 담대함을 가지고 말할 수 있었습니다.

하나님께서 모세를 부르셔서 바로에게 "나의 백성을 가게 하라!"라는 메시지를 전하게 하셨을 때, 모세는 그것을 할 수 없다고 생각하여 하나님께 변명하기 시작했습니다. 그러나 하나님의 은혜가 압도했고, 주의 영이 모세 위에 임했습니다. 모세가 바로에게 나아갈 수 있는 담대함을 얻었던 이유는, 하나님께서 모세에게 표적을 보여주셨기 때문이 아니라 주의 영이 모세 위에 임했기 때문이었습니다.

모세는 바로의 궁으로 가서 이렇게 말했습니다. "이스라엘의 주 하나님께서 말씀하셨다. 나의 백성을 가게 하라!"

바로는 "너의 신이 누구냐?"라고 조롱했습니다. 그러나 그것이 바로가 할 수 있는 일의 전부였습니다. 바로는 모세의 그런 뻔뻔함에 대해 평소 같으면 곧장 지시했을 즉결 처형을 내릴 수가 없었습니다. 모세는 주의 영에 의해 감동을 받아 바로에게 도전한 것이었습니다.

여호수아가 모세로부터 이스라엘의 지휘권을 물려받았을 때 "네 평생에 너를 능히 대적할 자가 없으리니 내가 모세와 함께 있었던 것 같이 너와 함께 있을 것임이니라 내가 너를 떠나지 아니하며 버리지 아니하리니"(수 1:5)라고 여호수아를 확신시키며 말씀하신 분이 주의 영이었습니다.

주의 영은 또한 여호수아에게 "내가 네게 명령한 것이 아니냐 강하고 담대하라 두려워하지 말며 놀라지 말라 네가 어디로 가든지 네 하나님 여호와가 너와 함께 하느니라"(수 1:9)라고 말씀하셨습니다.

주의 영은 바울에게 "두려워 말라! 거리낌 없이 말하라! 중단하지 말라! 이는 내가 너와 함께 함이요 누구도 너를 해할 수 없음이라. 여기 도성에 있는 많은 사람들이 내게 속한 자들이니라."(행 18:9-10, TLB)라고 말씀하셨습니다. 이 말씀이 바울을 담대하게 만들었고, 그래서 바울은 일 년 육 개월을 머물며 그들 가운데서 하나님의 말씀을 가르쳤습니다(행 18:11).

구약에서 주의 영이 젊은 선지자 아사랴에게 임하셨고, 아사랴는 하나님의 말씀을 왕과 온 민족에게 예언했습니다.

> 대하 15:1-2
> 하나님의 영이 오뎃의 아들 아사랴에게 임하시매 그가 나가서 아사를 맞아 이르되 아사와 및 유다와 베냐민의 무리들아 내 말을 들으라 너희가 여호와와 함께 하면 여호와께서 너희와 함께 하실지라 너희가 만일 그를 찾으면 그가 너희와 만나게 되시려니와 너희가 만일 그를 버리면 그도 너희를 버리시리라

아사랴와 다른 많은 선지자들은 왕과 통치자들 앞에 서서 담대하게 말했습니다. 왜냐하면 주의 영이 그들 위에 임하셨기 때문입니다. 새 언약에서 바울은 우리에게 이렇게 말합니다. **"하나님이 우리에게 주신 것은 두려워하는(겁먹는) 마음[영]이 아니요 오직 능력과 사랑과 절제하는 마음[영]이니"**(딤후 1:7)

당신 안에 성령님이 거하신다면, 당신은 더 이상 평범한 사람이 아닙니다. 당신 안에는 하나님의 뜻과 일치하는 것은 무엇이든지 행할 수 있는 하나님의 담대함이 있습니다. 우리는 그것을 가지고 있지만, 우리 대부분은 이것을 이해하지도 이용하지도 않았습니다. 실상 우리는 삶에서 우리가 마땅히 누려야할 수준만큼 주의 영과 동행하지 않았기 때문입니다.

주의 영의 활동들

주의 영이 그분과 함께 가져오는 특별한 기름부음이 있습니다. 우리는 주의 영이 에스겔 선지자를 방문했을 때 이 기름부음이 활동하는 것을 봅니다.

> 겔 1:28
> 그 사방 광채의 모양은 비 오는 날 구름에 있는 무지개 같으니 이는 여호와의 영광의 형상의 모양이라 내가 보고 엎드려 말씀하시는 이의 음성을 들으니라

에스겔 선지자는 주의 영광을 보았고, 엎드렸으며, 하나님의 경외케 하는 임재에 의해 완전히 압도되었습니다. 이제 다음에 무슨 일이 일어나는지를 지켜보십시오.

겔 2:1-2

그가 내게 이르시되 인자야 네 발로 일어서라 내가 네게 말하리라 하시며 그가 내게 말씀하실 때에 그 영이 내게 임하사 나를 일으켜 내 발로 세우시기로 내가 그 말씀하시는 자의 소리를 들으니

주님께서 "네 발로 일어나라. 네게 말하고 싶다."라고 말씀하셨고, 에스겔은 주님께서 말씀하실 때 그 영이 자기에게 들어와 자기를 일으켜 세웠다고 말했습니다.
이것이 주의 영의 특별한 역사입니다. 이전에는 주의 영이 에스겔과 함께 하시지 않았지만, 그분이 에스겔에게 임하셨을 때 밖에서부터 그의 안으로 들어가서 에스겔을 일으켜 세우셨습니다. 주의 영은 때때로 우리에게도 그렇게 하십니다.
당신은 너무 약하고 피곤해서 기도할 수 없다고 느끼는 상태를 경험한 적이 있습니까? 당신은 계속 "아버지, 오늘 당신께 감사드립니다. 예수님의 이름으로 감사드립니다."라고 몇 마디 기도를 중얼거리려고도 해보고, 방언으로 몇 마디 하기도 합니다. 그런데 당신은 "일어나 기도하라!"라고 말씀하시는 성령의 음성을 듣습니다. 그것은 권위가 있는 음성이었지만, 당신은 속으로 "하나님께서는 내가 진짜 피곤하다는 걸 이해하셔."라고 생각하고 계속해서 약하게 방언을 중얼거립니다. 그러나 다음 순간, 당신은

화들짝 깨어나서 바닥을 걸으며 아주 강력하게 다른 방언으로 말하는 것입니다. 그러나 당신은 어떻게 그런 일이 일어났는지 감조차 잡을 수 없습니다.

그것이 주의 영이 역사한 것입니다. 에스겔에게 하셨던 것처럼, 주의 영이 당신 안으로 들어오셔서 당신을 일으켜 세운 것입니다!

하나님의 영이 우리의 삶 가운데 훨씬 더 많은 일을 하지 못하는 이유는, 이런 일이 있을 때 우리가 성령의 활동하심을 인식하지 못하고 내가 스스로 한 것이라고 느끼기 때문입니다. 그간 줄곧 우리는 자신을 신뢰하면서 "기도를 시작할 때는 너무 피곤했는데, 갑자기 몸이 기도하려고 일어나는 것 같더니, 일어나서 기도하기 시작했어."라고 말합니다. 우리는 성령을 인식하지 못한 것입니다.

에스겔 선지자는 이보다는 현명했습니다. 에스겔 선지자는 스스로 일어날 수 없음을 알았습니다. 왜냐하면 그는 완전히 바닥에 나가떨어져 있었기 때문입니다. 그는 자기에게 들어와서 자기를 일으켜 세우고, 빈틈없이 주의 말씀을 들을 수 있게 하신 분이 주의 영이심을 인식했습니다. 하나님께 영광을 돌립니다!

에스겔은 에스겔 3:12에서 "때에 주의 영이 **나를 들어올리시는데** 내가 내 뒤에서 크게 울리는 소리를 들으니 찬송할지어다 여호와의 영광이 그의 처소로부터 나오는도다 하니"라고 말했습니다. 에스겔서 2:2에서 성령께서 에스겔에게 들어가신 후, 그를 떠나셨다는 말은 이 구절(3:12) 전에 어디에도 언급되지 않는 것에 주목하십시오. 에스겔 3:12에서 성령께서는 아직 에스겔을 떠나지 않은 상태였고, 그를 다시 들어 올리셨습니다.

에스겔 3:14에는 성령의 또 다른 흥미로운 역사가 있습니다.

겔 3:14
주의 영이 나를 들어올려 데리고 가시는데 내가 근심하고 분한
마음으로 가니 여호와의 권능이 힘 있게 나를 감동시키시더라

에스겔 선지자는 주의 영이 자기를 들어 올려서 데리고 가셨다고 말했습니다. 그것은 외부적인 힘임에 틀림이 없습니다! 에스겔에게 들어오셨던 것과 똑같은 주의 영이, 밖에서부터 여전히 에스겔을 섬기고 있었습니다.

비슷한 사건이 신약의 사도행전 8:39에 기록되어 있습니다.

행 8:39
둘이 물에서 올라올새 주의 영이 빌립을 이끌어간지라 내시는
기쁘게 길을 가므로 그를 다시 보지 못하니라

신약에서 "주의 영"이라는 표현을 발견할 때마다, 거기에 주목하십시오. 사도행전 8:39은 "성령the Spirit이 빌립을 이끌어간지라"라고 말씀하지 않고, "**주의 영**the Spirit of the Lord이 빌립을 이끌어간지라"라고 말씀했습니다. 기억하십시오. 빌립은 거듭난 자였으며, 그 안에 성령님을 지닌 자였습니다. 그러나 이것은 빌립 밖에서 오시는 성령의 또 다른 기능이었습니다.

"주의 영이 빌립을 이끌어간지라"(행 8:39) 그 일은 밖에서부터 일어났음에 틀림없습니다. 주의 영은 신체적으로 빌립을 멀리 다른 곳으로 데려가셨습니다(행 8:40). 그것은 대단한 능력입니다! 그리고 그것이 바로 주께서 "성령이 너희에게 임하시면 너희가 권능을 받고"(행 1:8)라고 말씀하셨을 때 이야기하신 그 성령입니다.

주의 영은 당신에게 능력을 주신다

예수님께서는 그의 제자들에게 "오직 성령이 너희에게 임하시면 너희가 권능을 받고 예루살렘과 온 유대와 사마리아와 땅 끝까지 이르러 내 증인이 되리라"(행 1:8)라고 말씀하셨습니다. 그러나 그전까지는 높은 곳으로부터 능력을 입을 때까지 예루살렘 도성에서 기다리라고 말씀하셨습니다(눅 24:49).

오순절 날, 성령께서 그들 위에 임하셨을 때 그들은 성령을 받았고 하나님의 말씀을 전하고 가르칠 수 있는 초자연적인 능력을 입었습니다. 그런 일이 일어났을 때, 그들은 성령께서 그들의 말을 능력으로 채워주셔서 듣는 자들이 구원받게 하실 것을 알고 밖으로 나가 말하기 시작했습니다.

베드로는 능력이 임한 것을 알았습니다. 그래서 그는 성전 미문에 있던 사람에게 "은과 금은 내게 없거니와 내게 있는 이것을 네게 주노니 나사렛 예수 그리스도의 이름으로 일어나 걸으라"(행 3:6)라고 말할 수 있었던 것입니다. 그런데 그 사람이 반응하지 않자, 베드로는 그의 손을 잡고 위로 일으켰습니다. 그러자 그 사람의 발목뼈가 힘을 받고 걷기 시작했습니다. 베드로는 자기가 능력을 가지고 있음을 알았습니다. 베드로는 주의 영이 자기 위에 임하셨음을 알았습니다.

기억하십시오, 최고의 모퉁잇돌이신 예수님 위에 임하셨던 것과 똑같은 주의 영이 산 돌들인 우리들 한 사람 한 사람 위에 임하셨습니다. 예수님께서는 누가복음 4:18-19에서 다음과 같이 말씀하셨습니다.

눅 4:18-19
주의 성령이 내게 임하셨으니 이는 가난한 자에게 복음을 전하게 하시려고 내게 기름을 부으시고 나를 보내사 포로 된 자에게 자유를 눈 먼 자에게 다시 보게 함을 전파하며 눌린 자를 자유롭게 하고 주의 은혜의 해를 전파하게 하려 하심이라 하였더라 당신은 이 구절의 핵심을 파악했습니까? 이는 주의 영이 당신 위에 임하시면 그분은 당신으로 하여금 복음을 전하도록 기름 부으신다는 뜻입니다. 그리고 당신이 복음을 전할 때 듣는 자에게 임한 말은 단순한 말이 아닌 생명을 주는 하나님의 능력과 힘을 지닌 말입니다.

능력을 얻어라!

어떤 그리스도인들은 오직 자기 방식대로만 성경책을 읽고, 가르치고, 설교하고, 노래하며, 기도합니다. 그들은 "온유하고 조용한" 무리 중에 있습니다. 하나님의 자녀 여러분, 당신의 삶에는 그 이상의 것들이 있습니다. 당신의 삶에는 능력이 있어야 합니다! 성경은 하나님의 왕국이 말뿐만이 아니라 능력에 있다고 말씀합니다(고전 4:20).

능력을 보여주지 않으면서 능력을 전하는 그리스도인처럼 시시한 것은 없습니다. 바울은 "내 말과 내 전도함이 설득력 있는 지혜의 말로 하지 아니하고 다만 성령의 나타나심과 능력으로 하여"(고전 2:4)."라고 말했습니다. 그러므로 능력을 얻으십시오! 주의 영을 알도록 하십시오!

많은 경우 나는 사역하기 전에 내게 임하시는 주의 영의 기름 부음을 기다립니다. 주의 영이 임하실 때, 나는 무슨 일이 일어났는지 그 누구보다 더 잘 압니다. 때로 내가 홀로 기도하고 있을 때 에스겔처럼 주의 영이 나에게 들어오신 것을 알아차릴 수 있습니다. 그것은 마치 주의 손과 발이 나의 손과 발 안으로 들어온 것 같습니다. 나는 더 이상 내가 움직이는 것이 아니라, 내 안에서 "누군가"가 움직이는 것을 알 수 있습니다. 나는 그분이 나를 통해 손을 얹어서 어마어마한 일들을 행하고 싶어 하시는 것을 알 수 있습니다. 하나님께 영광을 돌립니다!

주의 영은 폭풍을 다룬다

1985년에 나는 한 전도 집회에서 말씀을 전하고 있었습니다. 그때가 내가 처음으로 이러한 주의 영의 나타나심을 목격하기 시작했던 때였습니다. 마치 하늘이 내려오려고 하는 것처럼 강한 바람이 불어오기 시작했습니다. 장소는 모래밭이었는데, 바람이 많은 먼지와 모래를 일으키며 사람들에게 불어댔습니다.

이런 일이 일어나는 동안 나는 내 영으로 탄식했습니다. 가끔 당신은 무언가에 대해 영으로 탄식할 뿐 아무 것도 할 수가 없을 때가 있습니다. 섣불리 바보 같은 실수를 하고 싶지 않기 때문입니다. 나는 속으로 "무슨 일이 일어나는 거지? 내가 무엇을 해야 할까?"라고 계속 생각하고 있었습니다.

어떤 사람들은 소용돌이치는 먼지로부터 자신을 보호하려고 애쓰고 있었습니다. 다른 사람들은 빠져나가기 시작했습니다. 왜냐하면 날씨가 잔뜩 흐렸기 때문입니다. 비가 억수같이 올 것이 분명했습니다. 이 무렵 내 겉옷이 이미 바람에 휘날리고 있었지만, 나는 계속 설교했고, 많은 사람들은 귀를 기울이려고 애썼습니다.

그러다가 갑자기 주의 영의 기름부음이 임하였고, 나는 몇 마디 말을 했습니다. 내가 기억하는 것은 사람들이 박수치기 시작했다는 것뿐이고, 나중에 테이프로 듣기 전까지는 내가 무엇을 말했는지 알지 못했습니다. 나는 "바람아, 이쪽으로 오지마라. 방향을 바꾸어서 저쪽으로 가라!"라고 말했습니다. 내가 이렇게 말하자 바람이 방향을 180도 바꾸어서 다른 방향으로 가는 것을 보았습니다. 다시 조용해졌고, 사람들은 메시지를 들을 수 있었으며, 우리는 영광스러운 집회를 가졌습니다.

기적들은 주의 영으로 말미암아 일어난다

나는 1986년에 일어난 또 하나의 사건을 기억합니다. 나는 어떤 집회에서 말씀을 전하고 있었고, 앞줄에는 한 젊은 장애인이 옆에 목발을 세워두고 앉아 있었습니다. 나는 단지 말씀을 전하기 시작했을 뿐인데, 십 분이 되지 않아서 갑자기 성령으로 충만해졌습니다.

나는 그렇게 하려고 계획하지 않았고 생각조차도 않았지만, 말씀을 전하다가 갑자기 그 친구를 향해 몸을 돌려서 그를 붙잡고는 "예수의 이름으로 걸어라!"라고 말했습니다. 나는 그를 끌어당겼고, 그러자 그는 걷기 시작했습니다! 당연히 모든 사람이 소리치고 기뻐하며 큰 소리로 하나님을 찬양했습니다. 우리는 그날 밤 집회를 계속했으며, 더 많은 기적과 성령의 나타나심을 경험했습니다.

그것은 주의 영이 점령하실 때 일어나는 일입니다. 당신은 어떤 일을 할지 생각하지 않습니다. 당신은 이성적으로 생각하면서 '내가 지금 무엇을 할 것인가?' 라고 생각하지 않습니다. 주의 영은 그저 당신을 움직이셔서 행동하게 할 뿐입니다.

주의 영이 빌립을 멀리 데리고 가셨을 때 빌립이 특별히 그것을 준비하도록 기다리시지 않았습니다. 빌립은 자기와 함께 한 내시에게 "이제 저는 아소도로 가려고 합니다. 누구도 제가 그곳으로 갈지 알지 못하지만, 저는 압니다!"라고 통보할 시간이 없었습니다. 그렇습니다. 빌립은 믿음을 쥐어짜지도 않았습니다. 주의 영은 그저 빌립을 멀리 데리고 갔을 뿐입니다.

주의 영은 세미한 음성이 아니다

주의 영이 당신 위에 임하실 때, 당신은 말은 안 할지 모르지만 어떤 것들을 보기 시작할 것입니다. 당신의 혼에 새로운 담대함이 있을 것입니다. 그것은 미가 선지자가 "오직 나는 여호와의 영으로 말미암아 능력과 정의와 용기로 충만해져서 야곱의 허물과 이스라엘의 죄를 그들에게 보이리라"(미 3:8)라고 말했던 것의 의미입니다.

어떤 사람들은 주의 영을 "세미한 음성still small voice"으로 여깁니다. 이는 그들이 주의 영을 알지 못하기 때문입니다. 주의 영은 세미한 음성이 아닙니다. 주의 영은 통치의 영입니다.

마술사 엘루마가 바울을 대적했을 때, 바울 안에서 주의 영이 솟아났습니다. 그래서 성경은 이렇게 말합니다. "성령(주의 영)으로 충만한 바울이 분개하며 그 마술사를 노려보고 말하기를, '온갖 속임수와 악행으로 가득하며 모든 선한 것의 원수인 너, 마귀의 자식아, 주에 대한 반역을 결단코 그치지 못하겠느냐? 이제 하나님께서 처벌의 손을 네 위에 두셨으니, 너는 한 동안 눈이 보이지 않음으로 고통을 당할 것이다.' 그리고 즉시 안개와 어두움이 그를 덮치므로, 그는 손을 잡고 자기를 이끌고 갈 자를 찾아 헤매기 시작했다."(행 13:8-11, TLB)

세미한 음성인 것 같지는 않습니다, 그렇지요?

주의 영을 위해 당신 자신을 준비하라

어떤 사람들은 당신이 아주 충분히 열심히 기도해야 능력이 온다고 말합니다. 그렇지 않습니다. 그것은 기도와 상관이 없습니다.

모든 것은 당신의 굶주림과 상관이 있습니다. 당신도 알다시피, 성령님은 아무에게도 자신을 강요하지 않으십니다. 문제는 '당신이 얼마나 성령님을 원하느냐?' 입니다.

당신이 성령님을 원한다면, 그분은 당신을 채우실 것입니다. 성령님은 변화를 행하거나 심판을 가져오려고 나타나실 때를 제외하고는, 환영하지 않는 곳에는 절대 가지 않으십니다. 기억하십시오, 성령님은 권위자Boss이시기 때문에, 우리는 그분을 흔들어 깨우지 않습니다. 우리는 어떤 일들을 해달라고 그분을 흔들지 않습니다. 대신 우리는 성령님의 나타남을 준비합니다. 성경은 당신이 준비된 그릇이라면 주님께서 사용하기에 알맞도록 준비되어 있을 것이라고 말씀합니다(딤후 2:21).

하나님께서는 당신을 사용하기 원하십니다. 그러나 그분은 당신이 하나님에 대해 준비되기를 원하십니다. 하나님께서는 당신이 깨끗하고, 구별되며, 성별되기를 원하십니다. 그러면 당신은 하나님께서 당신을 사용하실 수 있도록 준비될 것입니다.

지혜의 영
The Spirit of Wisdom

사 11:2 (한글킹제임스)
주의 영이 그의 위에 머물리니 지혜와 명철의 영이요…

지혜의 영은 당신에게 하나님의 지혜를 가져오시는 분입니다. 바울은 에베소에 있는 그리스도인들을 위해 "우리 주 예수 그리스도의 하나님, 영광의 아버지께서 지혜와 계시의 영을 너희에게 주사 하나님을 알게 하시고"(엡 1:17)라고 기도했습니다. 그 이유는 바울이 보기에 에베소의 그리스도인들은 하나님의 능력과 영광을 드러내고는 있지만, 지혜와 계시 지식이 부족했기 때문입니다.

이는 많은 하나님의 사람들에게 일어나는 일입니다. 그들은 성령의 은사들을 가지고 있습니다. 그들은 예언할 수 있으며, 위대한 일들이 일어나게 할 수 있습니다. 하지만 하나님의 일들의 지혜와 지식 안에 행할 때, 그들은 부족함을 발견합니다. 그러한 사람들은 하나님께서 그들에게 하나님을 아는 지식 안에서 지혜와 계시의 영을 주시기를 기도할 필요가 있습니다. 그러면 그들은 균형을 이루게 될 것입니다.

지혜의 영의 역사를 제대로 음미하기 위해 우리는 먼저 지혜가 무엇인지 이해해야 합니다. 당신은 영어 사전에서는 이런 정의를 발견하지 못할 것입니다. 왜냐하면 참된 지혜는 오직 하나님의 영에 의해서만 정의될 수 있기 때문입니다.

지혜의 정확한 정의

지혜는 주로 '지식을 적용할 수 있는 능력'이라고 정의됩니다. 그러나 이 정의는 부적절하며 진짜 지혜가 무엇인지 이해하지 못한 자들에 의해 채택된 정의입니다. 지혜의 영이 당신 안에 역사한다면, 당신은 지혜를 어떻게 정의해야 할지 이해할 것입니다.

첫째, **지혜는 힘**force**입니다. 이는 하나님의 계획과 목적에 대한 신성한 통찰력이며, 영적인 실재를 이해하는 것입니다.**

또한 지혜는 지식의 통찰이요, 통찰을 지배하는 능력으로도 정의될 수 있습니다. 지혜는 실재(진리)를 꿰뚫어보는 통찰력이며, 미래에 대한 선견지명입니다. **지혜는 당신으로 하여금 다른 사람들이 볼 수 없는 것을 이해할 수 있게 해줍니다.** 당신은 지혜를 가지고 다른 사람들이 헤아릴 수 없는 것을 올바르게 판단할 수 있습니다.

나는 지혜가 힘이라고 말했습니다. 지혜는 단지 능력ability 이상입니다. 당신은 어떤 것을 하거나 하지 않을 능력을 가지고 있을 것입니다. 예를 들어, 당신은 거울을 보면 당신의 차림새에서 어디를 고쳐야 할지를 알고, 또 그렇게 할 능력이 있다는 것도 압니다. 그런데 아무것도 행하지 않는다면, 그것은 지혜가 아닙니다. 지혜는 당신으로 하여금 당신이 마땅히 해야 할 일을 하게 합니다!

당신이 지식을 적용할 수 있는 능력이 있어도 적용하지 않거나, 그렇게 하는 것이 옳은지 알면서도 하지 않는다면, 당신은 지혜롭지 않습니다. 실상 당신은 어리석은 자로 묘사될 것입니다. 왜냐하면 당신은 무엇을 해야 하고 어떻게 해야 하는지도 알았지만, 여전히 하지 않았기 때문입니다!

하나님의 지혜는 당신으로 하여금 당신이 마땅히 말해야 하는 것을 말하게 하고, 마땅히 해야 하는 것을 하게 하며, 마땅히 생각해야 하는 것을 생각하게 하는 힘을 가지고 있습니다. 하나님의 지혜는 당신으로 하여금 당신이 마땅히 가야 하는 곳으로 가게 합니다. 지혜는 수동적이지 않습니다. 지혜는 행동으로 나타납니다.

바울이 "너희 안에서 행하시는 이는 하나님이시니 자기의 기쁘신 뜻을 위하여 너희에게 소원을 두고 **행하게 하시나니**"(빌 2:13)라고 말했을 때, 그는 우리 안에서 역사하는 지혜의 영에 대해 말했던 것입니다. 지혜는 우리 안에 하나님께서 기뻐하시는 소원을 둘뿐만 아니라 그것을 **행하도록** 역사하는 **통제력**입니다. 지혜는 추진하고, 강제하고, 움직이며, 동기부여 하는 힘입니다. 지혜는 당신에게 이해와 정보와 통찰력과 지식을 가져옵니다. 지혜는 모든 것을 아우릅니다.

지혜는 스스로에 대해 이렇게 말합니다.

잠 8:12
나 지혜는 명철로 주소를 삼으며 지식과 근신을 찾아 얻나니

지혜는 "나는 혼자 가지 않는다. 나는 나와 더불어 신중함(실제 문제에서의 분별력 또는 훌륭한 판단력)과 지식을 가지고 있다."라고 말합니다. 당신은 통찰력과 선견지명을 가지고 있습니다. 왜냐하면 지혜의 영이 그것들을 당신에게 가져오기 때문입니다. 그러나 지혜의 영의 사역은 거기서 멈추지 않습니다. 지혜의 영은 당신의 체계 안에 통제하는 능력을 풀어놓아 당신으로 하여금 지혜롭게 행동하게 합니다.

당신은 지혜로 인해 대단한 성공을 거둔다!

지혜가 부족하면 당신은 잘못된 생각을 할 수 있고, 잘못된 말을 할 수 있으며, 잘못된 일을 할 수 있고, 잘못된 선택을 할 수도 있습니다. 그래서 사람들이 가지는 문제의 대부분은 그들이 한 잘못된 선택에 의해 발생합니다.

지도자에게 지혜가 부족하기 때문에 잘못된 선택을 하고, 그 결과 백성들이 혼란에 빠집니다. 사람들은 하나님의 지혜가 없기 때문에, 잘못된 투자를 하여 돈을 잃습니다. 어떤 사람은 지혜가 부족하기 때문에, 잘못된 사람과 결혼하여 고약한 결혼 생활에 시달립니다. 그러나 지혜가 당신 안에 거할 때, 지혜는 당신을 옳은 방향으로 인도합니다. 그것이 바로 당신의 삶에 활동하는 지혜의 영이 필요한 까닭입니다.

지혜의 영이 당신 안에서 기능할 때, 삶은 밝아지고 즐거워집니다. 예수님 이전에 가장 지혜로운 사람이었던 솔로몬은 잠언 3:13-14에서 이렇게 말했습니다. "지혜를 얻은 자와 명철을 얻은 자는 복이 있나니 이는 지혜를 얻는 것이 은을 얻는 것보다 낫고 그 이익이 정금보다 나음이니라"

이것이 비결입니다! 지혜를 발견한다면 당신은 대단한 성공을 거두게 됩니다. 지혜가 있다면 당신은 결코 실패하거나 가난할 수 없습니다!

잠 3:15-17
지혜는 진주보다 귀하니 네가 사모하는 모든 것으로도 이에 비교할 수 없도다 그의 오른손에는 장수가 있고 그의 왼손에는 부귀가 있나니 그 길은 즐거운 길이요 그의 지름길은 다 평강이니라

지혜가 당신 안에서 역사하고 있을 때, 당신의 삶은 화평으로 충만할 것입니다. 당신은 부족이나 결핍이나 질병이나 무엇이든 좋은 삶에 반대되는 것에 대해 염려할 필요가 없게 될 것입니다. "화평peace"이라고 번역된 히브리어는 "샬롬shalom"입니다. 샬롬은 단지 고요함과 평정, 또는 아무도 당신을 방해하지 않는 환경만을 묘사하는 것이 아닙니다. 더 중요한 것은, 샬롬이 형통과 함께 하는 평화, 즉 당신의 통제 아래서 모든 것이 완벽하게 이루어지는 상태의 평화를 의미한다는 점입니다.

샬롬이란 안식을 생산하는 완전함과 온전함과 총체적인 안녕과 건강과 형통의 상태입니다. 따라서 샬롬은 형통과 건강과 힘과 이익을 주는 하나님의 화평입니다.

그러한 화평이 있다면, 당신은 마치 어린 아기처럼 자게 됩니다. 당신은 잠을 설치지도 않고, 매일 밤 잠들기 위해 당신을 쓰러뜨릴 수면제를 필요로 하지도 않을 것입니다. 나는 자야 할 때 잘 잡니다! 나는 웃으려고 애쓰는 사람과는 달리, 웃을 때 진

심으로 웃습니다. 나는 지혜가 가져오는 화평으로 인해 놀라운 삶을 살고 있습니다.

그리스도가 우리의 지혜다

고전 1:30
너희는 하나님으로부터 나서 그리스도 예수 안에 있고 예수는 하나님으로부터 나와서 우리에게 지혜와 의로움과 거룩함과 구원함이 되셨으니

새 언약에 속한 우리는 솔로몬이 그의 모든 지혜로도 갖지 못했던 것, 바로 그리스도를 가지고 있습니다! 그리스도께서 우리의 지혜이십니다. 골로새서 2:3은 "그(그리스도) 안에는 지혜와 지식의 모든 보화가 감추어져 있느니라"라고 말합니다. 그리스도 안에 모든 지혜와 지식의 보화가 감추어져 있습니다. 다시 말해, 그리스도는 모든 지혜와 모든 지식의 전형입니다.

그러므로 당신이 예수님을 삶의 주님으로 삼고, 예수님께서 당신의 심령을 거처로 삼으실 때, 그것이 바로 지혜가 당신의 심령 안에 거하는 것입니다. 하지만 보통, 예수 그리스도를 당신의 구원자이자 주님으로 삼는 것과 그분께서 당신의 혼(당신의 결정과 생각과 감정)의 주님이 되시는 것은 완전히 다른 문제입니다.

예수 그리스도께서 당신의 혼의 주인이 되실 때, 지혜가 당신 안에서 기능하기 시작할 것입니다.

예수님께서 혼의 주님이 되시면, 그때 그분은 당신의 생각의 방향을 이끄시기 시작합니다. 당신의 혼은 하나님의 기름부음을 받게 되며 기름부음 받은 혼은 성별된 생각, 즉 왕을 위해 구별된 생각을 받습니다. 하나님께 영광을 돌립니다!

성경은 잠언 25:2에서 "일을 숨기는 것은 하나님의 영화요 일을 살피는 것은 왕의 영화니라"라고 말씀합니다. 이것이 성경이 거룩한 자들의 지식이라 부르는 것입니다. 하나님께서는 세상으로부터 그 지식을 감추시고는, 성령의 기름부음에 의해 당신의 혼에 하나님의 지혜를 주십니다. 그러면 당신은 비밀한 것들을 발견하기 시작할 것입니다.

지혜는 보이기도 들리기도 한다

사 11:2-3

그의 위에 여호와의 영 곧 지혜와 총명의 영이요 모략과 재능의 영이요 지식과 여호와를 경외하는 영이 강림하시리니 그가 여호와를 경외함으로 즐거움을 삼을 것이며 그의 눈에 보이는 대로 심판하지 아니하며 그의 귀에 들리는 대로 판단하지 아니하며 누군가 말하거나 행동하지 않는 한 당신은 그가 지혜의 영을 가지고 있는지 알지 못할 수도 있지만, 지혜란 것은 보이거나 들릴 수 있습니다. 지혜의 영이 솔로몬 안에서 기능했을 때, 모든 사람이 알았습니다. 어느 날 사람들이 같은 집에서 사는 두 여인을 솔로몬 앞으로 데려왔습니다. 두 여인은 각각 삼일 간격으로 아기를 낳았습니다. 그런데 어느 날 밤, 그들 중 한 여인이 잠결에 자신의 아기를 깔아버렸고 결국 아기는 죽고 말았습니다. 우발적인 사고로 자신이 아기를 죽인 것을 안 여인은 이웃 집 여자의 침대로 가서 아기를 바꿔치기 했습니다.

다른 여인이 다음 날 아침에 깨어서 아기에게 젖을 먹이려고 하는데, 아기가 죽은 것을 발견했습니다. 죽은 아이를 자세히 살펴본 결과, 그 여인은 자기 아기가 아님을 알았습니다. 그래서 그녀는 자기 아기를 찾으러 다녔고 한 집에 사는 여인의 방에서 아기를 발견하고는 돌려달라고 요구했지만, 분쟁이 일어났습니다.

송사가 솔로몬 왕 앞에서 이루어졌을 때, 모든 사람은 솔로몬 왕이 어떻게 처리할지 궁금해 하였습니다. 두 여인 중 누구도 남편을 데리고 오지 않았으므로, 아기 아빠가 증언할 수도 없었습니다. 그 집에는 다른 사람이 살지 않았으며, 따라서 목격자는 아무도 없었습니다.

왕은 지혜롭게도 칼을 달라고 하여 살아 있는 아기를 둘로 나누라고 명령했습니다. 아기 엄마는 "안돼요! 아기를 죽이지 마세요. 차라리 저 여자에게 아기를 주세요."라고 울부짖었습니다. 그러나 다른 쪽 엄마는 "좋아요. 아기를 죽이세요. 그러면 우리 둘 다 아기를 못 갖겠죠."라고 말했습니다. 그러자 솔로몬은 자리에서 일어나서 진짜 아기 엄마에게 "이 아기는 당신 아기요. 데려가시오."라고 말했습니다.

성경은 "온 이스라엘이 왕이 심리하여 판결함을 듣고 왕을 두려워하였으니 이는 하나님의 지혜가 그의 속에 있어 판결함을 봄이더라"(왕상 3:28)라고 말씀합니다. 이처럼 지혜는 보일 수도 있고 들릴 수도 있습니다.

지혜로 하여금 당신을 돌보게 하라

솔로몬은 진짜 아기 엄마는 자기 아기가 죽기를 바라지 않을 것임을 알았습니다. 가짜 아기 엄마는 "자, 어서 아기를 죽이세요. 그러면 우리 중 아무도 그 아기를 가질 수 없을 거예요."라고 말했습니다. 그것은 "나는 너를 기쁘게 만들지도 않을 거고, 나 자신을 불쾌하게 만들지도 않을 거야."라고 말하는 사람들과 같습니다. 그리스도인이라면 절대 이렇게 말해서는 안 됩니다.

당신이 어떤 신발을 사고 싶어 하는데 다른 사람도 똑같은 신발을 사고 싶어 하면 말다툼이 시작됩니다. 당신은 "내가 먼저

잡았어!"라고 말합니다. 그러나 다른 사람은 "아니야, 내가 먼저 여기에 왔어."라고 주장합니다.

 하나님의 자녀인 여러분, 그냥 두십시오. 당신의 하늘 아버지는 그보다 더 좋은 다른 신발을 당신에게 주실 것입니다!

 어떤 사람들은 여전히 "하나님만 안 계셨으면, 내가 무슨 짓을 했을지 몰라." 또는 "날 화나게 하면 거듭나기 전의 내 모습을 보게 될 거다."라는 식의 말을 합니다. 당신은 그런 말을 해서는 안 됩니다. 당신은 그리스도인입니다. 지혜의 영이 당신의 혼과 당신의 생각과 당신의 말과 당신의 행동을 책임지도록 내어드리십시오.

 기억하십시오. 지혜의 전형인 그리스도께서 당신 안에 거하시며, 그의 지혜의 본성을 당신에게 전이하셨습니다. 에베소서 1:17에서 바울이 말했던 그 지혜의 영이 당신 안에 거하십니다. 당신은 오늘 삶에서 지혜의 영의 사역을 충분히 이용하여, 하나님께서 당신을 향해 계획하신 선하고 좋은 삶을 살 수 있습니다.

명철의 영
The Spirit of Understanding

엡 1:17-18

우리 주 예수 그리스도의 하나님, 영광의 아버지께서 지혜와 계시의 영을 너희에게 주사 하나님을 알게 하시고 너희 마음understanding의 눈을 밝히사 그의 부르심의 소망이 무엇이며 성도 안에서 그 기업의 영광의 풍성함이 무엇이며

에베소서 1:18에서 에베소 성도들을 위한 바울의 기도의 내용에 주목하십시오. "너희 마음의 눈을 밝히사 그의 부르심의 소망이 무엇이며 성도 안에서 그 기업의 영광의 풍성함이 무엇이며"(엡 1:18) 이것은 명철understanding;이해, 지각의 영의 활동입니다. **명철의 영**은 당신을 향한 하나님의 부르심의 소망과 당신 안에 있는 하나님의

기업의 영광의 풍성함을 이해하도록 돕는 분이십니다.

바울은 에베소서 3:18-19에서도 에베소 성도들을 위해 "능히 모든 성도와 함께 지식에 넘치는 그리스도의 사랑을 알고 그 너비와 길이와 높이와 깊이가 어떠함을 **깨달아**(즉, 이해하여)…"라고 기도했습니다.

에베소 그리스도인들이 그리스도의 사랑의 너비와 길이와 깊이와 높이를 모든 성도들과 함께 이해하기를 구하는 바울 사도의 이 기도는 반드시 필요한 것이었습니다. 왜냐하면 그들은 그리스도의 사랑의 깊이와 능력을 아직 이해하지도 알지도 못했기 때문입니다. 그들은 역사하는 명철의 영과 지식의 영을 갖지 못했습니다.

오늘날 성령의 은사는 나타나지만, 말씀의 이해가 부족한 자들이 있습니다. 그런 사람들은 그들 안에 있으며 또한 그들을 위한 그리스도의 사랑의 능력을 다른 성도들과 더불어 이해할 수 있도록 명철의 영으로 충만하기를 기도할 필요가 있습니다.

예수님은 명철의 영을 제자들에게 전해주셨다

성령의 기름부음은 다른 때에 각기 다른 방식으로 우리 위에 임하지만, 우리는 성령의 목적을 이해할 필요가 있습니다. 누구나 성경을 공부할 수는 있지만, 기름부음을 받아야만 당신은 하나님의 말씀을 이해할 수 있고 성령의 계시를 받을 수 있습니다.

기름부음은 당신이 말씀을 이해하게 하기 위해 당신 위에 임합니다. 그러한 기름부음은 명철의 영으로부터 옵니다.

요한 사도는 "예수께서 또 이르시되 너희에게 평강이 있을지어다 아버지께서 나를 보내신 것 같이 나도 너희를 보내노라 이 말씀을 하시고 그들을 향하사 숨을 내쉬며 이르시되 성령을 받으라"(요 20:21-22)라고 기록했습니다.

예수님께서는 그의 제자들에게 말씀하시고 계셨고, 그들에게 숨을 내쉬셨습니다. 여기서 "숨을 내쉬다"라고 번역된 단어는 "엠프사오emphusao"로서, "훅 불다to blow at or on"라는 뜻입니다. 그러므로 예수님께서는 그들에게 훅 불면서 "성령을 받으라!"라고 말씀하신 것입니다.

이것은 성령님께서 그들 안에 거하시려고 오신 때와는 다르다는 사실을 알아야 합니다. 왜냐하면 사도행전 2:1-4에서 오순절날 이 제자들이 같은 장소에 함께 모였을 때, 모두 성령으로 충만하여 다른 방언으로 말하기 시작하는 장면이 나오기 때문입니다.

요한복음 20:22에 요한 사도가 기록한 내용은 누가복음 24:45의 사건을 설명하는데 도움을 줍니다.

눅 24:45 (한글킹제임스)
그때 그들의 지각understanding을 열어 성경을 깨닫게understand 하시니라 요한 사도는 예수님께서 어떻게 그들의 심령을 열어서 명철을 전해주셨는지를 알려줍니다.

공관복음서란 마태복음과 마가복음과 누가복음을 가리킵니다. 요한복음은 세 복음서들이 기록되고 한참 후에 쓰였습니다. 요한 사도가 기록한 이유는 많은 이들이 공관복음서에서 모호하고 어두운 부분으로 여기는 곳을 명료하게 하기 위한 것이었습니다.

그래서 요한복음 20:22과 누가복음 24:45을 함께 보아야 무슨 일이 일어났는지에 대해 가장 명확한 그림을 얻게 됩니다. 예수님께서 그분의 제자들에게 훅 불면서 "성령을 받으라!"라고 말씀하셨을 때, 사실 그분은 그들에게 명철의 영을 전해주신 것이었고, 그들의 마음은 성경을 이해하도록 기름부음을 받게 되었습니다.

당신이 얻은 모든 것으로 명철을 얻어라!

솔로몬은 "지혜가 제일이니 지혜를 얻으라 **네가 얻은 모든 것을 가지고 명철을 얻을지니라**"(잠 4:7)라고 말했습니다. 당신은 마가복음 4장에 나온 씨 뿌리는 자의 비유를 읽을 때 명철이 왜 그리도 중요한지를 알게 될 것입니다.

막 4:3-4, 14-15
들으라 씨를 뿌리는 자가 뿌리러 나가서 뿌릴새 더러는 길

가에 떨어지매 새들이 와서 먹어 버렸고 … 뿌리는 자는 말씀
을 뿌리는 것이라 말씀이 길 가에 뿌려졌다는 것은 이들을 가
리킴이니 곧 말씀을 들었을 때에 사탄이 즉시 와서 그들에게
뿌려진 말씀을 빼앗는 것이요

예수님께서는 이 비유를 통해서, 길가에 떨어진 씨들이란 하나
님의 말씀을 들었지만 그 말씀을 이해하지 못했던 자들을 나타내
며, 그들이 이해하지 못했기 때문에 마귀가 즉시 와서 그들의 심
령에서 말씀을 훔쳐간 것이라고 말씀하셨습니다.

마 13:19
아무나 천국 말씀을 듣고 깨닫지understand 못할 때는 악한
자가 와서 그 마음에 뿌려진 것을 빼앗나니 이는 곧 길 가에
뿌려진 자요

처음 이 성경구절을 읽었을 때 나는 사탄이 하나님의 말씀을
훔칠 수 있다는 것에 놀랐습니다. 그런데 사탄은 말씀을 깨닫
지 않았던 자들의 심령으로부터 훔쳤습니다. 마귀는 당신에게
서 오직 하나님의 말씀을 빼앗으려고 합니다. 왜냐하면 삶의
모든 것이 말씀으로부터 나오기 때문입니다. 마귀는 말씀이 당
신에게 오자마자 몰려듭니다. 그 목적은 당신의 심령으로부터

말씀을 훔치기 위함입니다.

당신이 왕국의 말씀을 듣고도 깨닫는 일을 등한시하면, 당신은 마귀가 당신의 심령에서 왕국의 말씀을 훔쳐가도록 틈을 내어 주는 것입니다. 이것이 바로 당신이 삶에서 명철의 영이 역사하도록 해야 하는 이유입니다. 그분은 당신이 받은 하나님의 말씀을 이해하고 깨닫도록 도와주시는 분이십니다.

명철은 계시로 말미암아 온다

엡 3:1-4
이러므로 그리스도 예수의 일로 너희 이방인을 위하여 갇힌 자 된 나 바울이 말하거니와 너희를 위하여 내게 주신 하나님의 그 은혜의 경륜을 너희가 들었을 터이라 곧 계시로 내게 비밀을 알게 하신make known 것은 내가 먼저 간단히 기록함과 같으니 그것을 읽으면 내가 그리스도의 비밀을 깨달은understand 것을 너희가 알 수 있으리라

여기에서 바울은 하나님께서 계시에 의해서 그리스도의 비밀을 자신에게 알리셨다는 것을 설명합니다. "알게 하다make known"라는 말은 헬라어 "그노리조gnorizo"를 번역한 것인데, 그 의미는 "이해하게 만들다to give to understand"라는 뜻입니다. 본질적으로

바울은 하나님께서 계시로 말미암아 자신에게 그리스도의 비밀을 깨닫는 명철을 주셨다고 말한 것입니다.

이것은 당신이 지적인 지식에 의해서 (영적인) 신비에 대한 명철을 받을 수 없음을 전제로 합니다. 이는 학교나 세상의 다른 어디에서부터 오는 것이 아니라, 성령의 계시로 말미암아 오는 것입니다.

이제, 명철의 은사는 임명받은 사역자들만을 위한 것이므로 당신은 하나님의 말씀을 이해할 수 없다는 그런 거짓말을 듣지 마십시오. 그것은 암흑시대의 사역자들이 했던 말입니다. 그들은 오직 교황과 사제들만이 성경을 이해할 수 있다고 말하여서, 하나님의 백성들을 수백 년 동안 어둠 속에 가두었습니다.

말씀 교사라면 하나님의 말씀을 가르치기 위한 기름부음을 받았을 수도 있지만, 하나님의 말씀을 이해하기 위한 기름부음을 당신보다 더 많이 받은 것은 아닙니다. 그러므로 누구도 당신을 가두지 못하게 하십시오. 왕국의 신비들을 이해하도록 하나님의 말씀이 이미 당신에게 주어졌습니다. 그것이 바로 예수님께서 말씀하셨던 것입니다!

명철은 당신에게 이미 주어졌다!

예수님께는 그분의 말씀을 듣기 위해 모인 무리들이 항상 있었지만, 그 무리 전부가 예수님의 제자는 아니었습니다. 그래서 예수님께서는 종종 비유로 무리들에게 말씀하셨습니다. 한번은 예수님께서 무리들에게 씨 뿌리는 자의 비유를 말씀하셨지만, 열두 사도를 포함해서 그들 중 누구도 그 말씀을 이해하지 못했습니다.

예수님께서 무리들에게서 떨어져 있었을 때, 그의 제자들이 예수님께 와서 "어찌하여 그들에게 비유로 말씀하시나이까?"(마 13:10)라고 물었습니다.

그러자 예수님께서는 그들에게 비유로 말씀하신 까닭을 말씀해주셨습니다. "천국의 비밀을 아는 것이 너희에게는 허락되었으나 그들에게는 아니되었나니"(마 13:11)

이것은 놀라운 말씀입니다. 제자들이 그 당시에는 이해하지 못했을지라도, 예수님께서는 그들이 이해하도록 비유를 전한 것이라고 말씀하셨습니다. 제자들에게는 비유를 이해할 수 있는 능력이 있었으며, 다만 그들이 이 사실을 몰랐을 뿐입니다.

하나님의 자녀라면 하나님 나라의 비밀에 대한 명철을 가지고 있습니다. 예수님께서 그렇게 말씀하셨고, 그러므로 당신은 그 사실에 대해 기뻐해야 합니다!

당신은 "글쎄, 나는 성경을 지금껏 읽어왔지만, 아무 것도 이해할 수 없었어. 나는 교회에 가서 메시지에 귀를 기울였지만, 실제로는 설교자가 무엇을 말하는지 이해하지 못했어."라고 말합니다. 그런 식으로 말하는 것을 중단하십시오! 예수님께 동의하여 말하십시오. 예수님께서는 그 비유가 당신으로 하여금 하나님 나라의 비밀들을 알게 하려고 주어졌다고 말씀하셨습니다. 그것이 당신의 유업입니다.

당신이 무언가를 이해하지 못했다는 사실이 곧 그것이 당신이 이해할 수 있도록 주어지지 않았다는 뜻은 아닙니다. 어떤 것들을 들을 때 처음에는 이해하지 못하는 경우가 있을지라도, 당신은 그것들을 항상 이해할 수 있는 능력을 받았습니다. 당신이 처음에 그 비유를 "붙잡지" 못한 것 같다면, 좀 더 많이 공부해야만 합니다. 테이프와 책을 구입하십시오. 반복해서 테이프를 듣고, 반복해서 책을 읽으십시오. 그러면 명철의 영의 능력을 통해서 당신은 진리들을 이해하게 될 것입니다.

그러므로 당신에게 오는 말씀을 이해하지 못한다고 말하지 마십시오. 말씀은 당신이 왕국에 속한 것들을 이해하도록 당신에게 주어졌습니다.

듣고, 보고, 이해하면, 당신은 '변화될 것이다'

마 13:15
이 백성들의 마음이 완악하여져서 그 귀는 듣기에 둔하고 눈은 감았으니 이는 눈으로 보고 귀로 듣고 마음으로 깨달아 돌이켜 be converted 내게 고침을 받을까 두려워함이라 하였느니라 위의 말은 예수님께서 하신 말씀입니다. 누군가 진리를 아는 사람이 있다면 그것은 바로 예수님이실 것입니다. 왜냐하면 예수님 자신이 진리이기 때문입니다. 여기에서 예수님께서는 단순하지만, 심오한 하나님의 말씀의 원리들로 우리를 이끄십니다. **당신이 하나님의 말씀을 듣고 보고 이해하면, 당신은 변화될**be converted **것입니다.**

위 문맥에서 "돌이키다"라는 말은 당신의 상황을 좋게 전환시킨다는 뜻입니다. 다시 말해, 당신은 변화를 일으키려고 다른 노력을 하지 않을 것입니다. 그저 하나님의 말씀을 듣고, 보고, 이해하십시오. 그러면 하나님의 말씀이 자동적으로 당신의 상황을 바꾸고, 당신의 삶에 있는 것들을 변화시킬 것입니다.

당신이 하나님의 왕국에 있고 하나님의 영으로부터 태어났다면, 당신은 이미 명철의 영을 받았습니다. 당신은 명철의 영을 가지려고 애쓰거나 기도하지 않을 것입니다. 명철의 영은 현재 당신의 소유입니다. 그것은 지금 당신에게 속해 있습니다!

명철의 영이 당신 안에서 역사합니다. 당신이 지금 해야 하는 일은 오직 당신의 삶에 임재하는 명철의 영을 인식하는 것입니다. 그러면 명철의 영이 당신에게 하나님의 왕국의 비밀들을 계시할 것입니다. 그렇게 되면 당신은 삶의 일들을 변화시킬 수 있고, 당신이 원하는 대로 상황을 돌이킬 수 있습니다.

모략의 영
The Spirit of Counsel

사 11:2
그의 위에 여호와의 영 곧 지혜와 총명의 영이요 모략의 영이 …
강림하시리니

모략counsel;계획, 상담**의 영**은 이사야 11:2에 열거된 하나님의 일곱 영 가운데 네 번째 영입니다. 그분은 당신을 안내하는 분입니다. 시편기자는 모략에 대해 다음과 같이 말합니다.

시 16:7
나를 훈계counsel하신 여호와를 송축할지라 밤마다 내 양심reins;고삐이 나를 교훈하도다 다윗은 밤마다 그의 속사람이 그를 교훈하며 고삐 역할을 하는 것에 대해 이야기합니다. 모략의 영은 당신을 가르치며 안으로부터 당신을 안내합니다. 주님께서는 모략의 영을 통하여 당신의 삶을 안내하십니다.

사도행전 16:6에서 이 모략에 대해 더 살펴봅시다.

> 행 16:6
> 성령이 아시아에서 말씀을 전하지 못하게 하시거늘 그들(바울과 실라와 디모데)이 브루기아와 갈라디아 땅으로 다녀가

성경에서 성령님께서 그들을 막았다고 말씀하시는 것에 주목하십시오. 바울과 동료들은 아시아로 말씀을 전하러 가고 싶었지만, 성령님께서 금지하셨습니다. 그런 다음 사도행전 16:7-8에서 우리는 다음 구절을 읽습니다.

> 행 16:7-8
> 무시아 앞에 이르러 비두니아로 가고자 애쓰되 예수의 영이 허락하지 아니하시는지라 무시아를 지나 드로아로 내려갔는데

그들이 비두니아로 가는 것을 허락하지 않은 이 성령이 바로 모략의 영이었습니다. 뿐만 아니라 사도행전 11장에서는 베드로가

천막장이 시몬의 집에서 기도하고 있는 동안 모략의 영이 그에게 어떻게 역사하셨는지 상세히 설명했습니다.

행 11:11-12

마침 세 사람이 내가 유숙한 집 앞에 서 있으니 가이사랴에서 내게로 보낸 사람이라 성령이 내게 명하사 아무 의심 말고 함께 가라 하시매 이 여섯 형제도 나와 함께 가서 그 사람의 집에 들어가니

모략의 영은 베드로에게 이 사람들과 함께 가서 가이사랴에서 복음을 전하라고 지시했습니다.

시편 16:7의 다윗의 말을 기억하십시오. "나를 훈계하신counsel 여호와를 송축할지라 밤마다 내 양심(내적 인도)이 나를 교훈하도다" 이것이 모략의 영입니다. 그는 당신이 무엇을 하고 또 무엇을 하지 말아야 할지 지시하고 말해 주십니다. 그는 당신의 모든 일상사에서 당신의 방향을 제시합니다.

당신은 잘못된 방향을 향하고 있었을지도 모릅니다. 하지만 모략의 영이 당신에게 역사할 때, "당신은 당신 뒤에서 '아니야, 여기가 바른 길이야, 이리로 걸어.'라고 말하는 소리를 듣게 될 것입니다."(사 30:21, TLB)

모략의 영은 탁월한 전략가다

사 9:6
그의 이름은 기묘자라, 모사counsellor라, 전능하신 하나님이라, 영존하시는 아버지라, 평강의 왕이라 할 것임이라

위의 구절을 묘사하는 히브리 원어는 "기묘자라, 모사라, Wonderful, Counsellor,"라는 식으로 두 개의 다른 이름을 명시하지 않았습니다. 이는 실제로는 둘을 합친 하나의 이름, 즉 "경이로운 상담자Wonderful Counsellor"라고 쓰여 있습니다. "전능하신 하나님", "영존하시는 아버지", "평강의 왕"과 같이 이사야 선지자가 주님을 묘사하는 다른 이름들을 보아도, 역시 두 개의 단어가 합쳐져 있음을 볼 수 있습니다.

"경이로운 상담자"라는 이름은 "탁월한 전략가"라는 뜻입니다. 모략의 영은 탁월한 전략가입니다. 이는 모략의 영이 평범한 생각과 감각을 넘어선다는 뜻입니다. 모략의 영은 초자연적입니다. 모략의 영은 혼란스러울 수 없습니다. 모략의 영은 당신이 직면한 모든 위기에서 빠져나오는 출구를 압니다. 모략의 영은 당신이 어떻게 어둠에서 나올 수 있는지를 압니다. 모략의 영은 당신을 성공시키는 법을 압니다. 모략의 영은 당신의 탁월한 전략가이며, 그분은 당신 안에 살고 있습니다.

그의 탁월한 전략 가운데 하나를 살펴봅시다. 모세는 이스라엘 자녀들을 이집트의 속박에서 이끌어냈습니다. 그러나 바로는 그들을 쉽게 보내려고 하지 않았습니다. 그래서 바로는 전 군대를 보내서 "무방비 상태의" 이스라엘 민족을 맹렬하게 추격하였습니다. 이스라엘 민족은 궁지에 몰렸습니다. 그들 앞에 홍해가 넓게 펼쳐져 있었습니다. 그들은 이집트 군대가 그들을 향해 돌진하면서 내는 천둥치는 말발굽 소리와 불길하게 달가닥거리는 전차 소리를 바로 뒤에서 들을 수 있었습니다.

인간의 눈으로 보면, 도망칠 길이 없었습니다. 그러나 탁월한 전략가에게 있어 "사면초가"란 없었습니다. 그것이 바로 내가 사람들에게 "당신 앞에 벽은 없습니다. 그 장애물은 진짜가 아닙니다. 눈을 감으십시오. 예수님의 이름으로 계속 걸어가십시오. 그러면 장애물들은 당신의 길에서 사라질 것입니다!"라고 말하는 까닭입니다.

사람들이 모세에게 부르짖었을 때 모세는 그것을 이어받아 하나님께 울부짖었습니다. 그러나 하나님의 반응은 단순하면서 놀라운 것이었습니다. 하나님께서는 "너는 어찌하여 내게 부르짖느냐? 이스라엘 자손에게 명령하여 앞으로 나아가게 하고 지팡이를 들고 손을 바다 위로 내밀어 그것이 갈라지게 하라. 그러면 이스라엘 자손이 바다 가운데서 마른 땅으로 갈 것이다."(출 14:15-16)라고 말씀하셨습니다.

탁월한 전략가는 모세에게 그의 지팡이를 물 위에 내밀어서 물을 가르라고 말씀하셨습니다. 모세는 들은 대로 행하였고, 이스라엘의 자녀들은 기적적으로 구출을 받았습니다. 홍해는 갈라졌고 이스라엘 자녀들은 마른 땅을 통과하였습니다. 그러나 이집트 군대 전체는 똑같은 바다에서 멸망했습니다.

당신이 모세나 이스라엘의 자녀이고 어떤 사람이 그렇게 하라고 말해주었다면, 당신은 앞으로 가고 싶지 않았을 것입니다. 그러나 그 지시는 탁월한 전략가에게서 나온 것이었기 때문에 작동했습니다.

전쟁 중에 여호사밧을 도운 탁월한 전략가

역대하 20:1, 3-4에는 탁월한 전략가가 주는 최고의 조언에 대한 또 하나의 예가 있습니다.

> 대하 20:1, 3-4
> 그 후에 모압 자손과 암몬 자손들이 마온 사람들과 함께 와서 여호사밧을 치고자 한지라 … 여호사밧이 두려워하여 여호와께로 낯을 향하여 간구하고 온 유다 백성에게 금식하라 공포하매 유다 사람이 여호와께 도우심을 구하려 하여 유다 모든 성읍에서 모여와서 여호와께 간구하더라

유다의 작은 백성은 세 개의 적대국들, 즉 모압, 암몬, 세일산 사람들의 압도적인 숫자에 의해 완전히 포위되었습니다. 그래서 여호사밧 왕은 전국에 금식을 선포하였고, 전 백성이 하나 되어 주의 얼굴을 구하였습니다.

그들이 기도하며 금식하는 동안 예언의 말씀이 있었습니다. 주의 영(탁월한 전략가)이 레위인 야하시엘에게 임하였고, 왕과 백성들에게 전투에서 승리하기 위해 필요한 전략을 말해주었습니다. 주의 영은 그들에게 이렇게 말씀하셨습니다. "이 전투는 너희가 아니라 나에게 속하였으므로, 너희는 이 전투를 싸우지 않아도 된다. 내일 너희는 시스 절벽 근처에서 진을 치고 있는 적들을 향하여 나아가라. 스무 명의 노래하는 자들을 군대 앞에 세우라. 그들에게 무기를 들리지 말고 오직 찬송하며 전장으로 가라."(대하 20:15-17)라고 말씀하였습니다.

그리고 유다 백성들은 그대로 했습니다. 그들은 그들 앞에 스무 명의 찬양단을 앞세우고 "여호와께 감사하세 그의 인자하심이 영원하도다!"(대하 20:21)라고 찬양하면서 적들의 진지로 나아갔습니다.

그들이 노래하자 하나님의 천사들이 활성화되었습니다. 하나님의 천사들은 적의 진지로 들어가서 그들을 치기 시작했습니다. 아수라장이 벌어졌고, 적군들은 자신을 공격하는 것이 무엇인지 알지도 못한 채 자신의 칼을 서로에게 향하여 서로 죽이기 시작했습니다. 하나님의 백성들이 적의 진지로 들어간 무렵, 적들은 이미 다 죽어 있었습니다!(대하 20:22-24)

바울이 "우리의 싸우는 무기는 육신에 속한 것이 아니요 오직 어떤 견고한 진도 무너뜨리는 하나님의 능력이라 모든 이론을 무너뜨리며 하나님 아는 것을 대적하여 높아진 것을 다 무너뜨리고 모든 생각을 사로잡아 그리스도에게 복종하게 하니"(고후 10:4-5)라고 말한 것은 놀라운 일이 아닙니다. 할렐루야!

당신이 어떤 상황을 겪고 있는지, 또 상황이 얼마나 절망적으로 보이는 지와는 상관없이, 당신은 계속해서 "주님을 찬양하라!"라고 외칠 수 있습니다. 왜냐하면 당신의 탁월한 전략가가 당신에게 무엇을 해야 할지 보여주실 것이고, 당신은 승리의 모습으로 나오게 될 것이기 때문입니다!

그분은 기적을 생산하는 당신의 상담자이시다

이사야 9:6의 "경이로운 상담자"라는 용어는 왕의 모략을 가리키기도 합니다. 미가 4:9에서 미가 선지자는 왕과 상담자를 동일시하면서 "이제 네가 어찌하여 부르짖느냐 너희 중에 왕이 없어졌고 네 모사counsellor가 죽었으므로 네가 해산하는 여인처럼 고통함이냐"라고 묻습니다. 미가 선지자는 여기에서 왕의 지혜로운 모략, 즉 능력으로 뒷받침하는 모략에 대해 다루고 있습니다.

여기서 "경이로운"이라는 말로 번역된 히브리어는 실제로 "전능한 행동과 행위, 기적적인 역사"를 뜻합니다. 그러므로 미가 선지자는 왕에게서 나오는, 기적을 생산하는 모략에 대해 말하고 있습니다. 안에서부터 기적을 생산하는 모략을 당신에게 주시는 분은 오직 주님 밖에 없습니다.

간단한 예를 들어 보겠습니다. 오직 주님만이 모세에게 "너의 지팡이를 들고, 바로에게 가서 그 앞에 그 지팡이를 던져라. 그러면 기적이 있으리라."라고 말씀하실 수 있습니다. 오로지 주의 모략만이 모세에게 "네 손으로 그 지팡이를 잡고, 바위 앞에 서서 바위를 쳐라. 그리하면 물이 나오리라."라고 지시하실 수 있습니다.

일반적인 시각으로는 이 모략은 말도 안 되는 것처럼 보입니다. 그러나 성경은 왕의 말이 있는 곳에는 능력이 있다고 말씀합니다(전 8:4). 그래서 우리는 다른 어떤 왕이 아닌, 왕 중의 왕의 모략에 대해 말하는 것입니다!

기근 때에 이삭의 상담자

가나안 땅 전역에 오랫동안 가뭄이 지속되던 때가 있었습니다. 기근이 찾아왔고, 많은 사람들이 이집트로 떠나가고 있었습니다. 그런데 하나님께서 이삭에게 "이 땅에 거류하면 내가 너와 함께 있어 네게 복을 주고 내가 이 모든 땅을 너와 네 자손에게 주리라 내가 네 아버지 아브라함에게 맹세한 것을 이루어 네 자손을 하늘의 별과 같이 번성하게 하며 이 모든 땅을 네 자손에게 주리니 네 자손으로 말미암아 천하 만민이 복을 받으리라"(창 26:3-4)라고 말씀하셨습니다.

이삭이 하나님의 말씀을 따라 땅을 팔 때마다 물이 나왔습니다. 사람들은 그것을 이해할 수 없었습니다. 아무도 물을 발견하지 못했습니다. 깊이 팠어도 물을 얻을 수 없었습니다. 그러나 이삭이 그들 옆에서 땅을 팠을 때 물이 나왔습니다!

이 기간 동안 모든 사람은 기근이 심하였으므로 농사를 망쳤습니다. 그러나 이삭은 안에서부터 주어진 모략이 있었습니다. 이삭은 "이 땅에 머물면, 내가 너와 함께 있고 너를 축복할 것이다."(창 26:2-3)라는 주의 말씀을 들었습니다. 그래서 심한 기근과 가뭄 가운데에서 성경은 이삭이 그 땅에서 농사하여 그 해에 백 배나 얻었고 여호와께서 복을 주시므로 그 사람이 창대하고 왕성하여 마침내 거부가 되었다고 말씀합니다(창 26:12-13). 이삭에게는 기적을 생산하는 상담자가 있었습니다!

창세기 26장에서 예시된 것과 같은 모략은 전부 하나님의 입에서 나와야 했습니다. 그렇지 않았다면, 그들은 끔찍하게 실패하고 엄청난 재난을 낳았을 것입니다! 그러나 모략의 영이 역사했습니다. 이사야는 그분을 당신의 경이로운 상담자라고 칭합니다.

그분은 기적을 생산하는 당신의 상담자요, 당신의 탁월한 전략가입니다. 그분이 당신에게 하라고 말씀하시는 것이 비논리적으로 들릴 수도 있지만, 그것은 기적을 생산하는 모략입니다. 그래서 그것이 경이로운 것입니다. 그러한 모략이 뛰어난 결과를 낼 때 그것이 바로 기적이 되는 것입니다.

당신은 모략의 영을 가지고 있습니까? 그분이 당신에게 지시한 적이 있습니까? 당신은 그분을 잘 알고 있습니까? 아니면 항상 사람들로부터 조언을 얻으려고 합니까? 탁월한 전략가가 당신 안에서 기능하게 하십시오. 그러면 그 전략가가 당신이 모든 시도 가운데 취해야 할 올바른 발걸음을 지시하실 것입니다. 오늘 그분을 이용하십시오. 그분의 권고를 받으십시오. 그러면 당신은 방향을 알게 될 것입니다.

능력의 영
The Spirit of Might

사 11:2 (한글킹제임스)
주의 영이 그의 위에 머물리니 지혜와 명철의 영이요, 계획과 능력의 영이며

능력의 영은 이사야 11:2에서 열거한 하나님의 일곱 영 가운데 다섯 번째 영입니다. 구약에는 자주 능력의 영 가운데 활동했던 사람이 한 명 있었습니다. 그는 이스라엘의 사사였던 삼손이었습니다.

삼손은 모세나 여호수아가 가졌던 지혜의 영은 가지고 있지 않았습니다. 그랬더라면, 그는 몇 가지 바보 같은 짓을 하지 않았을 것입니다. 그러나 삼손은 능력의 영을 가졌습니다.

삿 14:5-6

삼손이 그의 부모와 함께 딤나에 내려가 딤나의 포도원에 이른즉 젊은 사자가 그를 보고 소리 지르는지라 여호와의 영이 삼손에게 강하게mightily 임하니 그가 손에 아무것도 없이 그 사자를 염소 새끼를 찢는 것 같이 찢었으나 그는 자기가 행한 일을 부모에게 알리지 아니하였더라

삼손이 딤나의 포도원을 통과하려고 할 때 젊은 사자가 으르렁거리며 삼손을 공격했습니다. 삼손이 처한 엄청난 위험을 제대로 알기 위해서 당신은 젊은 사자가 어떤 존재인지 이해해야 합니다. 젊은 사자란 새끼나 약한 사자나 곧 죽을 늙은 사자가 아니라, 젊고 강한 전성기의 사자라는 말입니다.

삼손은 그 사자를 보고 "아빠, 살려주세요!"라고 울부짖지 않았습니다. 그는 "어디로 도망치지?"라고 고민하지도 않았습니다. 그 즉시 주의 영이 삼손에게 강하게 임하였고, 삼손은 그 사자를 붙잡고는 마치 새끼 염소를 찢듯이 찢어버렸습니다. 그는 맨 손으로 그렇게 한 것이었습니다! 그는 그렇게 하고서는 마을을 돌아다니면서 사람들에게 "내가 무슨 일을 했는지 아세요?"라고 떠들지 않았습니다. 그는 그저 파리 한 마리를 잡은 것처럼 가던 길을 갔습니다.

이 인물에 대해 더 살펴봅시다.

삿 15:14-15

삼손이 레히에 이르매 블레셋 사람들이 그에게로 마주 나가며 소리 지를 때 여호와의 영이 삼손에게 갑자기 임하시매 그의 팔 위의 밧줄이 불탄 삼과 같이 그의 결박되었던 손에서 떨어진지라 삼손이 나귀의 새 턱뼈를 보고 손을 내밀어 집어들고 그것으로 천 명을 죽이고

유다 사람들은 삼손을 묶어서 레히에 있는 블레셋 사람들에게 넘겨주었습니다. 블레셋 사람들이 묶여있는 삼손을 보고는 욕을 하고 덤벼들었을 때, 주의 영이 강하게 삼손 위에 다시 임하였고, 삼손은 손에 묶인 밧줄을 불에 탄 삼처럼 풀어버렸습니다. 그런 다음 삼손은 나귀 턱뼈를 취해서, 그것으로 천 명을 죽였습니다.

이들은 그냥 평범한 천 명이 아니었습니다. 그들은 전투로 단련된 무장한 군인이었습니다. 삼손이 그들을 죽일 수 있었던 이유는 그가 강한 사람이었기 때문이 아니었습니다. 성경은 삼손이 어떻게 그렇게 했는지를 우리에게 알려줍니다. 주의 영이 **강하게** 삼손 위에 임하였습니다.

능력의 영이 삼손 위에 임하였을 때, 삼손은 전혀 다른 사람이었습니다. 삼손이 자신이 누구인지, 무엇을 하고 있는지 더 이상 몰랐다는 뜻은 아닙니다. 그러나 능력의 영이 삼손 위에 임하였을 때 그의 감각과 몸을 점령하였고, 그리하여 삼손은 평범한 사

람처럼 생각하거나 행동할 수 없었습니다. 그것이 바로 삼손이 특별한 일들을 행할 수 있었던 까닭이었습니다.

다윗은 틀림없이 삼손에 대해 읽고 그의 간증에 감명을 받았을 것입니다. 그러던 어느 날 하나님의 선지자 사무엘이 다윗의 아버지의 집으로 찾아와서 다윗의 머리에 기름을 부었습니다. 사무엘은 다윗에게 "이제 너는 성령으로 기름부음을 받았다."라고 말해주었습니다. 그 이후로 주의 영이 다윗 위에 계속 머물렀습니다. 다윗은 여전히 양떼를 돌보려고 돌아갔지만, 그는 전혀 다른 사람이었습니다. 다윗은 기름부음을 지니고 다녔습니다.

그러던 어느 날, 사자가 다윗의 양떼로부터 어린 양 한 마리를 잡아가려고 왔습니다. 다른 사람들은 도망쳤을 것입니다. 그러나 성령으로 충만한 다윗은 사자를 쫓아갔고, 사자의 입에서 양을 구해냈을 뿐 아니라 사자를 죽였습니다. 다윗은 "내가 사자의 수염을 붙잡았다."라고 말했습니다. 놀라운 일입니다!

또한 다윗이 양떼를 돌보고 있을 때, 곰 한 마리가 양을 잡아가려고 왔다가 사자와 똑같은 운명에 처하게 되었습니다. 뿐만 아니라 다윗이 블레셋 거인인 가드의 골리앗과 대면했을 때, 그는 자기가 죽인 짐승들처럼 골리앗을 끝장낼 것이라 말했고, 그대로 되었습니다.

이러한 탁월한 용감함의 공로는 다윗 자신의 힘이 아닌 그 위에 임하였던 능력의 영의 기름부음에 의한 것이었습니다.

힘을 압도하는 능력

능력의 영이 당신 안에 역사할 때, 능력의 영은 당신을 담대하게 할 것입니다. 나는 당신이 곤란을 겪을 때 담대함을 길러 내거나 인용할 성경 구절을 기억하려고 애쓰는 것에 대해 말하는 것이 아닙니다. 능력의 영은 담대함을 줄 뿐만 아니라, 힘을 압도하는 능력을 당신에게 가져다주기도 합니다.

이사야 9:6에서 이사야 선지자는 주 예수님에 대해 예언하면서, 예수님을 "전능하신 하나님The Mighty God"이라 불렀습니다. 이는 하나님의 아름다운 이름들 가운데 하나로서, 힘의 크기가 아닌 이기고 넘어서는 속성에 대해 말하는 것입니다. 이는 강한 자를 압도하며 힘을 입증하는 것을 말합니다.

"능력might"은 사실 완벽하게 번역되지 않는 단어 중에 하나입니다. 그것은 압도하는 세력입니다. 이는 힘 자체를 압도하고 능가하는 것으로서, 탁월한 권능을 말합니다.

삼손은 능력의 영을 가졌습니다. 삼손은 어느 날 가사Gaza로 가서 성문과 기둥과 빗장 전부를 뜯어버렸습니다! 당신은 성문이 얼마나 무거웠을지 상상할 수 있습니다. 삼손은 이것들을 뜯어냈을 뿐만 아니라, 어깨에 메고 멀리 언덕 꼭대기로 옮겼습니다! 그것이 능력입니다!

그러나 삼손은 그 이상을 했습니다. 블레셋 사람들은 삼손을 체포한 후, 그의 눈알을 도려내고는 다곤 신전에서 열린 큰 축제 기간 동안 즐기려고 그를 데려왔습니다. 그때 삼손이 "주 여호와여 구하옵나니 나를 생각하옵소서 하나님이여 구하옵나니 이번만 나를 강하게 하사 나의 두 눈을 뺀 블레셋 사람에게 원수를 단번에 갚게 하옵소서"(삿 16:28)라고 기도했습니다. 삼손이 그렇게 기도하자 능력의 영이 그에게 임하여 이전과 똑같은 초인적인 힘을 주었습니다.

갑자기 삼손의 근육이 부풀기 시작했습니다. 삼손이 신전의 두 중앙 기둥에 손을 대고 밀기 시작했을 때, 삼손을 붙잡고 있던 사람들은 그가 장난한다고 생각하여 비웃기 시작했습니다.

하지만 몇 사람은 불편해 하며 "금이 가는 소리가 나는 것 같은데? 뭔가가 부러지는 소리를 들은 것 같아."라고 말했습니다.

다른 사람들은 "걱정하지 마. 삼손은 우리를 즐겁게 해주고 있을 뿐이야."라고 다시 확신시키고는, 삼손이 기둥에 온 힘을 쏟고 있을 때 계속해서 먹고 마시며 그를 비웃고 있었습니다.

그러자 금이 가는 소음이 점점 더 크게 들리고, 마치 금이 간 것처럼 기둥 쪽에서 먼지가 떨어져 내렸습니다. 갑자기 신전에 정적이 흘렀고, 누군가 "이봐, 지금 삼손을 멈추게 해야 하지 않을까?"라고 속삭였습니다.

무리 가운데 다른 사람이 소리쳤습니다. "이봐! 기둥 크기가 안 보여? 삼손이 저걸 무너뜨리는 것은 불가능해! 술이나 더 마시자고!" 그러자 모든 사람이 웃어대며 다시 술잔치를 시작했습니다. 그러나 그들이 무슨 일이 일어나는지 알기도 전에, 신전을 지지하는 돌기둥이 무너지고 거대한 돌판들이 쏟아져 내리기 시작했습니다. 건물 사방에서 떨어지는 거대한 돌덩어리에 짓눌리자 그들의 웃음은 공포의 비명으로 바뀌었습니다.

삼손은 건물 전체를 무너뜨려 사람들을 덮쳤고, 한 사람도 도망치지 못했습니다. 삼손은 죽음의 순간에 평생 죽인 것보다 더 많은 블레셋 사람들을 죽였습니다. 삼손은 참으로 용기 있는 능력의 사람이자 이스라엘의 챔피언이었습니다.

지금 당신은 이렇게 생각할 것입니다. "글쎄요. 그건 삼손이니까요. 보통 사람은 그렇게 할 수 없잖아요!" 당신 말이 맞습니다. 그러나 거듭났다면, 당신은 "보통" 사람이 아닙니다. 당신은 초자연적인 삶으로 부름을 받았으며, 당신이 그런 삶을 살기 위해서는 능력의 영이 당신 안에서 기능하셔야 합니다. 왜냐하면 그분은 당신이 초인간적인 일들을 하도록 능력을 주시는 분이기 때문입니다.

능력으로 강해져라

바울은 에베소 교회를 위해 아름다운 기도를 했는데, 이 기도는 하나님의 모든 자녀들을 위한 성령의 기도이기도 합니다.

엡 3:14-16

이러므로 내가 하늘과 땅에 있는 각 족속에게 이름을 주신 아버지 앞에 무릎을 꿇고 비노니 그의 영광의 풍성함을 따라 그의 성령으로 말미암아 너희 속사람을 능력might으로 강건하게 하시오며

이 구절에서 "능력"은 헬라어 "두나미스dunamis"로부터 나온 것입니다. 사도행전 1:8에서 예수님께서 그의 제자들에게 "오직 성령이 너희에게 임하시면 너희가 **권능**power을 받고"(행 1:8)라고 말씀하신 것을 기억해 보십시오. 사도행전 1:8의 "권능"이라는 말과 에베소서 3:16에서 "능력"이라는 말은 동일한 헬라어 "두나미스"에서 나온 것입니다.

권능은 변화를 일으킬 수 있는 타고난 역동적인 능력입니다. 당신의 몸이나 가족이나 직업이나 재정 안에서 변화를 원하십니까? 성령을 받았을 때 당신은 이미 그 변화에 영향을 끼칠 수 있는 타고난 역동적인 능력을 받은 것입니다!

그럼에도, 바울은 교회가 안으로부터 강화되거나 생동감이 넘치기를 기도했을 때 "권능"이라는 말 대신에 "능력"이라는 단어를 사용했습니다. 여기에서 바울이 "능력"이라는 단어를 선택한 이유가 있습니다. 당신은 성경구절들이 성령님에 의해 주의 깊게 선택된 말로 우리에게 주어졌음을 이해해야 합니다. 그리고

성령님께서는 그분의 마음을 우리에게 전달하기 위해서 바울로 하여금 "능력"이라는 단어를 사용하게 하셨습니다.

에베소서 3:16에서 "능력"은 기적을 일으키는 능력을 내포합니다. 그래서 바울의 기도는 교회 안에서가 아니라 우리 영 안에서 기적을 일으키는 능력을 활성화하기 위한 것입니다.

이 강력한 능력은 힘을 압도하며, 하나님께서는 이 강력한 능력이 우리 안에서 역사하기를 원하십니다. 그러므로 나는 당신에게 바울이 에베소 교회에 했던 것과 똑같이 말합니다. "끝으로 너희가 주 안에서와 그 힘might의 능력power으로 강건하여지고"(엡 6:10) 능력의 영의 임재를 의식하고, 능력의 영이 당신 안에서 그리고 당신을 통해서 표현되도록 내어드리십시오.

지식의 영
The Spirit of Knowledge

사 11:2
주의 영이 그의 위에 머물리니 지혜와 명철의 영이요, 계획과 능력의 영이며, 지식과 주를 두려워하는 영이라

많은 경우, 성공하고 승리하는 그리스도인들과 그렇지 않는 자들의 차이는 그들의 은사가 아니라 그들이 가지고 있는 지식에서 비롯됩니다.

오늘 당신이 가진 한계와 성취는 당신이 가진 지식 또는 지식의 부족에 대한 직접적인 기능이며 분명한 반영입니다. 그러나 당신이 올바른 종류의 지식을 가진다면 언제나 지금보다 더 위대해지고 더 나아질 수 있습니다.

이 장의 초점은 지식의 영에 있지만, 당신은 우선 진짜 지식이 무엇인지 이해해야 합니다. 왜냐하면 그것을 이해하지 못하면 삶에서 지식의 영의 사역을 제대로 알거나 인식할 수 없기 때문입니다.

계시 지식

웹스터 영어 사전에 따르면 지식knowledge이란, "사실 또는 무언가를 알고 있는 상태, 또는 연상 작용을 통해서 얻어진 친숙성으로 무언가를 아는 것the fact or condition of being aware of something, or knowing something with familiarity gained through experience or association"입니다. 이는 또한 "과학, 기술, 기법을 아는 것 또는 이해하는 것"을 뜻하기도 하고, "논리적 추론을 통해 진리 또는 사실을 파악하는 상태나 조건"을 뜻할 수도 있습니다.

하지만, 이런 정의는 우리가 여기서 다루고 있는 종류의 지식, 즉 성령으로 말미암아 오는 지식인 **계시 지식**revelation knowledge을 다루기에는 충분치 않습니다.

계시 지식은 정확한 지식입니다. 계시 지식은 구체적이고 전문적이며 절대적인 지식입니다. 계시 지식은 웹스터 사전이 아주 명료하게 정의한 감각 지식sense knowledge과는 거리가 멉니다. 계시 지식은 어떤 물질적 매개체 없이 하나님의 영으로부터 당신의 인간의 영에 전이되어 오는 지식입니다. 계시 지식은 감각 지식이 아닙니다. 그러므로 계시 지식은 정신 영역을 초월합니다. 계시 지식의 영역에서는 가정과 가설이 없습니다. 당신은 당신이 어떤 것을 안다는 사실을 그냥 압니다.

심령 지식 대 머리 지식

감각 지식과 계시 지식 사이에는 천문학적 차이가 있는데, 많은 그리스도인들은 그 차이를 알아차리지 못함으로써 삶에서 좌절을 경험했습니다. 그들은 삶에서 말씀에 미치지 못하는 결과를 경험하고 있다고 느낍니다. 그들은 계속 의아해하면서 "뭐가 문제지? 왜 내가 이보다 더 나은 결과를 얻고 있지 않지?"라고 묻습니다.

그들의 문제는 바로 그들의 심령이 아니라 머리에 지식이 있다는 점입니다. 그것이 바로 그들이 알고 있는 것을 역사하게 하여 더 나은 결과를 얻지 못하는 이유입니다.

당신이 그 지식을 당신의 영에 계시로 받지 않았다면, 하나님께 속한 것이나 하나님으로부터 오는 것을 정말 알았다고 말할 수 없습니다. 계시 지식은 성령께 속한 지식이며, 하나님께서 당신의 영을 안내하시는 빛입니다. 하지만 감각 지식은 도박과 같습니다.

무언가를 계시에 의해 **안다면**, 당신은 그 지식에 따라 행하게 될 것입니다. 당신이 그 지식 안에서 행한다는 사실이 당신이 계시 지식을 가지고 있다는 증거입니다.

"무언가를 알면서 사용하지 않는다면 어떻게 되죠?"라고 묻는 사람들이 있습니다.

그것이 계시 지식이라면, 알면서 행하지 않는 것은 거의 불가능합니다. 당신의 영으로 하나님의 말씀을 알면서 그 말씀에 따라 살지 않거나 행동하지 않는다는 것은 아마도 세상에서 가장 힘든 일일 것입니다. 무엇을 해야 할지 알지만 막상 행동은 나오지 않는다고 말할 경우, 그가 가지고 있는 것은 단순히 감각 지식일 뿐입니다. 그 지식은 그의 심령이 아니라 머리 안에 있는 것입니다. 그가 그것을 말하더라도, 그 지식은 역사하지 않을 것입니다. 왜냐하면 그것은 단지 그의 머리에 있는 정보일 뿐, 그의 심령으로부터 나오는 생명력은 아니기 때문입니다.

하지만, 계시 지식은 다르게 역사합니다. 계시 지식은 당신을 행동하도록 자극합니다. 당신이 당신의 영으로 무언가를 **정말로 안다면**, 당신은 그것을 행할 것입니다. 당신이 행하지 않는다면, 이는 곧 당신이 그것을 알지 못한다는 명백한 증거입니다.

당신이 영으로 아는 것을 행동하지 않기는 사실상 불가능합니다. 왜냐하면 하나님의 말씀에 대한 계시 지식이 당신 영 안으로 들어올 때 당신 내부에서 무슨 일이 일어나기 때문입니다. 그 계시 지식은 당신의 혼에 역사하여, 당신의 생각을 새롭게 하며, 당신 안에서 당신으로 하여금 그에 따라 살게 하는 활력입니다. 계시 지식은 그것이 말하는 그대로를 당신 안에서 생산하며, 당신을 더 높은 영광의 수준으로 옮겨줍니다. 계시 지식은 당신에게 지혜를 전이합니다. 하나님을 찬양합니다!

지식의 영은 깨달음을 가져온다

고전 2:12
우리가 세상의 영을 받지 아니하고 오직 하나님으로부터 온 영을 받았으니 이는 우리로 하여금 하나님께서 우리에게 은혜로 주신 것들을 알게know 하려 하심이라

위 구절에서 바울은 꽤 유익한 말을 하고 있는데, 헬라어 원문을 통해 그 의미를 얻을 수 있습니다. 여기서 "알다know"라고 번역된 말에 대해 바울이 사용한 헬라어는 "에이도eido"로서, 이는 "깨닫게 되다to become aware"라는 뜻입니다. "알다"라는 말을 "깨닫게 되다"라는 말로 대체하면 바울이 우리에게 보여주는 것의 더 나은 그림을 볼 수 있습니다.

고전 2:12
우리가 세상의 영을 받지 아니하고 오직 하나님으로부터 온 영을 받았으니 이는 우리로 하여금 하나님께서 우리에게 은혜로 주신 것들을 깨닫게 하려 하심이라

이는 매우 중요한 점입니다. 이것은 무슨 의미입니까? 이렇게 생각해 보십시오. 당신이 이전에 가본 적이 없던 크고 어두운 건물 안으로 들어갔다고 합시다. 그때 누군가 불을 켭니다. 그러자 갑자기 당신은 그곳에 있는 것들, 예를 들어 가구, 전기 장치, 컴퓨터, 전구, 스위치, 문, 손잡이 등이 있음을 깨닫게 됩니다. 당신은 이 모든 것들이 그 집 안에 있음을 **깨닫게 되는** 것입니다.

이것이 지식의 영이 당신 삶에 들어올 때 가장 먼저 일어나는 일입니다. 지식의 영이 당신의 삶에 불을 밝혀주면, 당신은 그리스도 안에서 당신에게 속한 것들을 깨닫게 됩니다.

그러나 집 안에 이것들이 있다는 것과 그것을 써도 된다는 것을 깨달았다고 해서, 이것이 곧 그것들의 기능과 작동법까지 안다는 뜻은 아닙니다. 즉 당신이 그 집에 있고, 그 집에 있는 모든 것들이 당신을 위한 것임을 안다 해도, 당신은 여전히 그것들을 사용하지 못할 수도 있습니다.

이것이 바로 지식이 없는 그리스도인들이 어리둥절하며 어쩔 줄 몰라 하는 까닭입니다. 그들은 이 새로운 종류의 삶으로 들어왔지만, 아무 것도 작동하지 않는 것처럼 느낍니다. 그래서 그들은 "이게 진짜일까? 아니면 내가 잘못한 것일까?" 하고 궁금해 합니다. 아닙니다. 당신은 잘못하지 않았습니다. 지식의 영은 당신을 단지 깨닫게만 하였습니다. 그러나 단지 당신에게 깨달음을 주는 것 이상으로, 지식의 영이 하고 싶어하는 일들이 있습니다.

지식의 영은 당신에게 충만한 이해를 가져온다

엡 3:17-19

믿음으로 말미암아 그리스도께서 너희 마음에 계시게 하시옵고 너희가 사랑 가운데서 뿌리가 박히고 터가 굳어져서 능히 모든 성도와 함께 지식에 넘치는 그리스도의 사랑을 알고know 그 너비와 길이와 높이와 깊이가 어떠함을 깨달아 하나님의 모든 충만하신 것으로 너희에게 충만하게 하시기를 구하노라

바울의 단어 선택을 주의 깊게 살피십시오. 바울은 "**지식**knowledge에 넘치는 그리스도의 사랑을 **알고**know"라고 말했습니다. 지식을 초월하는 것을 어떻게 알 수 있습니까? 지식을 초월하는 그리스도의 사랑을 아는 지식을 갖는다고 할 때, 바울은 무슨 의미로 이렇게 말한 것일까요?

여기에서 "알다"와 "지식"이라는 두 단어에 주목해야 합니다. "알다"라고 번역된 헬라어는 "기노스코ginosko"입니다. 이것은 절대적인 지식인 계시 지식을 가리킵니다. 즉 바울은 본질적으로 "**그리스도의 사랑에 대한 절대적인 지식을 갖고**"라고 말한 것으로서, 이는 "계시로 말미암아 그리스도의 사랑을 알고"라는 뜻입니다.

또한 "지식"에 해당되는 단어로 바울은 헬라어 "**그노시스**gnosis"

를 선택했는데, 이는 과학에 근거한 지식, 또는 발견을 뜻합니다.

두 단어를 한데 모아보면 바울은 "**그노시스**를 초월하는 그리스도의 사랑을 **기노스코**하는"이라고 말했던 것입니다. 이는 곧 "**과학적 지식 또는 인간의 발견**을 초월하는 그리스도의 사랑에 대한 **계시를 갖고**"라는 말입니다. 바울은 당신의 감각이나 사람이 정한 의미를 넘어선 그리스도의 사랑을 계시로 말미암아 아는 것에 대해 말했던 것입니다. 그리고 이것은 그냥 일어나는 것이 아니라, 지식의 영으로 말미암아 오는 것입니다.

그분은 당신을 심오한 지식으로 "데려간다"

지식의 영에게는 또 다른 사역이 있습니다. 그분은 당신을 심오한 지식으로 데려갑니다.

몬 1:6 (한글킹제임스)
이로써 너의 믿음의 교제[참여]가 그리스도 예수 안에서 너희 안에 있는 모든 선한 것을 인식함acknowledging으로 인하여 효과가 있게 하려 함이라.

여기에서 바울은 "인식함acknowledging"이라고 번역된 단어에 대해 "에피그노시스epignosis"라는 헬라어를 선택했습니다. 이 모든 헬라어들이 비슷해 보일지 모르지만, 그 사이에는 분명하게 이해해야 할 의미상의 미묘한 차이가 있습니다.

"에피그노시스"는 또 다른 헬라어 "에피기노스코epiginosko" ['에피epi' 와 '기노스코ginosko' 라는 두 어근이 결합된 단어]의 파생어로서, "인정하다, 인지하다, 또는 **완전히 숙지하다**"라는 뜻입니다. 그것은 단지 깨달음만이 아니라, 해당 주제에 대한 심오한 지식이나 식별력이나 완전한 이해로 데려가는 것을 내포합니다.

나는 이를 "심오한 지식으로 데려감bringing into esoteric knowledge"이라고 부릅니다. 왜냐하면 이 지식은 당신에게 오기도 하지만, 당신이 그 지식으로 인도되기도 하기 때문입니다. 그리고 그 지식은 오로지 "허락된 사람들the initiated"을 위한 것이기 때문에 심오한 것입니다. 이것이 지식의 영의 활동입니다. 그분은 당신을 심오한 지식으로 데려갑니다.

바울은 당신의 믿음의 교제가 그리스도 예수 안에서 당신 안에 있는 모든 선한 것들의 "에피그노시스"에 의해 효력이 있게 된다고 말합니다. 이는 당신이 그리스도 예수 안에서 당신 안에 있는 모든 선한 것들에 대한 충만하고 특별한 지식으로 들어갈 때, 당신의 믿음의 나눔이 훨씬 더 생산적이 된다는 뜻입니다.

당신은 그리스도 예수 안에서 당신 안에 있는 선한 것들에 대해 알고 있습니까? 당신은 지식의 영을 통해서만 그것들을 알

수 있고, 온전히 이해할 수 있습니다. 지식의 영은 당신이 그것들을 발견하도록 도와줄 뿐만 아니라, 그것들과 그것들을 역사하게 하는 방법을 완전히 이해하는 경지로 당신을 데려갈 것입니다. 그러면 당신은 초월적인 삶을 누리게 될 것입니다. 하나님을 찬양합니다!

당신은 "기노스코"를 가지고 있다

고전 2:6-8
그러나 우리가 온전한 자들 중에서는 지혜를 말하노니 이는 이 세상의 지혜가 아니요 또 이 세상에서 없어질 통치자들의 지혜도 아니요 오직 은밀한 가운데 있는 하나님의 지혜를 말하는 것(심오한 언어)으로서 곧 감추어졌던 것인데 하나님이 우리의 영광을 위하여 만세 전에 미리 정하신 것이라 이 지혜는 이 세대의 통치자들이 한 사람도 알지 못하였나니 만일 알았더라면 (기노스코) 영광의 주를 십자가에 못 박지 아니하였으리라

예수님 당시에 세상의 통치자들은 기노스코, 즉 계시 지식을 가지고 있지 않았습니다. 그들이 기노스코를 가지고 있었다면 영광의 주님을 십자가에 못 박지 않았을 것입니다. 그러나 하나님께 감사하게도, 우리는 다릅니다.

고전 2:9-10

기록된 바 하나님이 자기를 사랑하는 자들을 위하여 예비하신 모든 것은 눈으로 보지 못하고 귀로 듣지 못하고 사람의 마음으로 생각하지도 못하였다 함과 같으니라 오직 하나님이 성령으로 이것을 우리에게 보이셨으니 성령은 모든 것 곧 하나님의 깊은 것까지도 통달하시느니라

이것이 우리 안에서 역사하시는 지식의 영입니다. 그분으로 말미암아 하나님께서는 이 모든 것들을 우리에게 계시하십니다. 우리는 무지한 상태에 있지 않습니다. 우리는 하나님에 대해 알아내려고 애쓰지 않습니다. 하나님의 영으로 말미암아 우리에게는 하나님의 계시가 주어졌습니다.

기억하십시오, 지식의 영이 가장 먼저 하시는 일은 당신으로 하여금 그리스도 안에서 당신이 가진 모든 것들을 깨닫게 하는 것입니다. 그런 다음 지식의 영은 그것들에 대한 완전한 지식으로 당신을 데려갑니다. 그렇다면 이제 이런 질문을 할 수 있습니다. 이 지식은 당신에게 어떤 의미가 있습니까? 당신은 그 지식으로 무엇을 할 수 있습니까? 그 지식이 당신에게 미치는 영향은 무엇입니까?

이것들에 대한 완전한 지식과 이해로 들어가면, 당신의 정신이 영향을 받게 됩니다. 지금은 당신이 더 이상 논리적으로 추론할

수 없는 어떤 것들이 있을 것입니다. 그러나 당신의 혼(당신의 전체 정신과 사고 과정)은 말씀을 통해서 새롭게 될 것입니다.

많은 사람들은 거듭난 뒤에도 딱한 처지에 머물러 있습니다. 왜냐하면 그들이 계시 지식을 거부했기 때문입니다. 하나님께서는 "내 백성이 지식이 없으므로 망하는도다(짓밟히고, 복종당하고, 가난하게 되며, 억압받는도다)"(호 4:6)라고 말씀하셨습니다. 이것은 경제나 행정이나 물리학이나 신학 지식이 없다는 말이 아닙니다. 하나님께서는 "기노스코", 즉 계시 지식 또는 하나님의 말씀에 대한 영적 지식이 없는 것에 대해 말씀하시는 것입니다.

계시 지식이 당신 영 안으로 들어올 때, 그것은 당신을 깨우치며 삶의 더 높은 영역으로 쏘아 올립니다. 그리고 당신이 계시 지식에 따라 살기 시작하면, 사람들은 당신이 허풍쟁이라고 생각할 것입니다. 당신은 세상의 다른 사람들처럼 생각하거나 말하지 않기 때문입니다.

지식의 영에 정통하십시오. 지식의 영은 선생님입니다. 지식의 영은 당신에게 하나님의 말씀을 가르치고, 당신의 영에 하나님의 말씀에 대한 계시를 전이함으로써 당신으로 하여금 하나님의 지혜와 능력과 영광 가운데 살게 할 것입니다.

주를 경외하는 영
The Spirit of The Fear of The Lord

사 11:2

주의 영이 그의 위에 머물리니 지혜와 명철의 영이요, 계획과 능력의 영이며, 지식과 주를 두려워하는 영이라

이제 우리는 이사야 11:2에 열거된 하나님의 일곱 영 가운데 가장 마지막에 있는 영을 만납니다. 그러나 이는 가장 작은 영이 아닙니다. 그것은 바로 **주를 경외하는(두려워하는) 영**입니다. 주를 경외하는 영은 **존경의 영**Spirit of reverence으로도 알려져 있습니다. 시편 111:4-10은 우리에게 말씀합니다.

시 111:4-10

그의 기적을 사람이 기억하게 하셨으니 여호와는 은혜로우시고 자비로우시도다 여호와께서 자기를 경외하는 자들에게 양식을 주시며 그의 언약을 영원히 기억하시리로다 그가 그들에게 뭇 나라의 기업을 주사 그가 행하시는 일의 능력을 그들에게 알리셨도다 그의 손이 하는 일은 진실과 정의이며 그의 법도는 다 확실하니 영원무궁토록 정하신 바요 진실과 정의로 행하신 바로다 여호와께서 그의 백성을 속량하시며 그의 언약을 영원히 세우셨으니 그의 이름이 거룩하고 지존하시도다 여호와를 경외함이 지혜의 근본이라 그의 계명을 지키는 자는 다 훌륭한 지각을 가진 자이니 여호와를 찬양함이 영원히 계속되리로다

이 영은 구약의 제사장들과 함께 역사했던 영입니다. 사무엘은 이스라엘 자녀들에게 선지자와 제사장이었기에, 성경은 사무엘이 "여호와께 아뢰매 여호와께서 그 날에 우레와 비를 보내시니 모든 백성이 여호와와 사무엘을 크게 두려워하니라"(삼상 12:18)라고 말씀합니다. 그것은 주를 경외하는 영에 의해 만들어졌습니다.

주를 경외하는 영은 존경을 주장한다

이러한 존경의 영이 어떤 장소에 나타나면 모든 것이 변합니다.

이러한 영은 사람들을 훈련하며 사물들을 질서 있게 합니다. 이 영이 큰일을 행하시면, 모든 사람이 하나님의 임재 가운데 고요하고 겸손하게 됩니다. 우리는 이 영을 조심해야 합니다! 아나니아와 삽비라가 잘못을 저질렀을 때, 그분께서 그들을 죽음에 이르게 했으며 거대한 두려움이 사람들 위에 임하였습니다(행 5:1-11).

하나님의 영의 기름부음이 아주 강하여 이러한 놀라운 일이 일어날 때마다, 두려움(거룩한 경외감, 존경)이 사람들 위에 임합니다. 이것이 바로 주를 경외하는 영의 활동입니다. 그분은 당신으로 하여금 하나님과 하나님께 속한 것들에 대해 존경을 갖게 합니다.

어떤 사람들은 교회 예배에 늦게 와서는 마치 모든 자리가 자기 것인 양 돌아다닙니다. 그들은 설교가 진행되는 동안 좋은 자리를 살피면서 여기저기 옮겨 다니고 예배를 드리는 사람들의 주의를 빼앗습니다. 그런 사람들은 아무런 존경심도 가지고 있지 않습니다!

당신이 그러하다면, 주의해야 합니다. 다음에도 예배에 늦게 도착해서 메시지가 선포되고 있다면, 조용히 자리를 찾으십시오. 왜냐하면 그 장소에는 존경심 없는 태도를 좋아하지 않으시는 영이 계시기 때문입니다.

때로 집회에서는 성령의 말씀이 주어지고 초청이 이루어집니다. 그럴 때 존경이 있어야 합니다. 예를 들어 사역자가 "여기에 관절염으로부터 치유 받을 남자가 있습니다. 저는 그 사람이 앞으로 나오길 원합니다."라고 말할 경우가 있습니다. 그런데 어떤 여자가 남자를 초청한다는 말을 분명히 듣고도 앞으로 나오려고 한다면, 그녀에게는 주를 경외하는 영이 없는 것입니다. 나는 그런 사람들이 하나님의 영의 기름부음 아래서 쓰러져 내동댕이쳐지는 것을 보곤 했습니다!

내가 하고 있는 말을 이해하십시오. 하나님의 영이 어떤 장소 안으로 들어와서 절대적인 존경을 주장하시는 때가 있습니다.

초기 고린도 교회의 교인들에게는 그런 존경이 없었습니다. 그들은 성령의 은사들의 나타남 가운데 행하고 있었지만 주를 경외하는 영이 부족했습니다. 그들은 성만찬을 위한 음식을 다투어 먹으려고 했습니다(고전 11:20-22). 그들은 혐오스러운 죄를 짓고 있었습니다(고전 5:1). 그래서 그들 가운데 많은 시기와 다툼과 분열이 있었습니다(고전 3:3-4). 그들은 영적인 것들에 대해 아무런 존경이 없었습니다.

순종하고 겸손하라

주를 경외하는 영은 당신 안에서 겸손을 만들어내시는 분으로서, 그분께는 특별한 요소가 있습니다. 그분은 당신 안에다 하나님에 대한 경외(존경)을 주입하셔서, 당신으로 하여금 옳은 말을 하게 합니다.

당신에게 주를 경외하는 영이 있다면 당신은 모욕하는 말을 할 수 없습니다. 그분은 당신을 겸손하게 합니다. 누가 인도하는 집회에 참석했든지 상관없이, 당신은 그 장소에 주를 경외하는 영이 있음을 인식하기 때문에 겸손함을 유지합니다.

사도 바울은 "그리스도를 경외함으로 피차 복종하라"라고 말했습니다(엡 5:21). 또한 베드로전서 5:5-6에서 베드로가 한 조언을 취하십시오. "다 서로 겸손으로 허리를 동이라 하나님은 교만한 자를 대적하시되 겸손한 자들에게는 은혜를 주시느니라 그러므로 하나님의 능하신 손 아래에서 겸손하라 때가 되면 너희를 높이시리라"

당신 자신을 이 영께 양보하십시오. 그분은 당신으로 하여금 존경과 겸손 가운데 행하게 하실 것이며, 정해진 때에 당신을 높이실 것입니다.

성령 충만
The Fullness of The Spirit

이제 당신은 성령님이 더 큰 분량으로 당신 삶 가운데 기능하실 수 있다는 것과 당신이 하나님의 본성에 충만히 참여할 수 있다는 것을 알았습니다.

하나님의 일곱 영이 모두 당신의 삶에서 기능하면, 거기에는 어떤 혼란도 없고 당신은 균형을 이루게 될 것입니다. 당신은 주의 영과 능력의 영으로 말미암아 능력으로 충만하게 될 것입니다.

또한 당신은 지혜의 영과 지식의 영과 명철의 영과 모략의 영으로 인해 말씀으로 충만하게 될 것입니다.

그리고 주를 경외하는 영이 겸손으로 이들 사이의 균형을 유지할 것입니다. 당신은 당신 삶에 풍성한 능력과 계시가 나타나더라도 교만하게 되지 않을 것입니다.

에베소서 3:16-19에서 바울은 에베소의 그리스도인들을 위해 다음과 같이 기도했습니다.

엡 3:16-19

그(하나님)의 영광의 풍성함을 따라 그의 성령으로 말미암아 너희 속사람을 능력으로 강건하게 하시오며 믿음으로 말미암아 그리스도께서 너희 마음에 계시게 하시옵고 너희가 사랑 가운데서 뿌리가 박히고 터가 굳어져서 능히 모든 성도와 함께 지식에 넘치는 그리스도의 사랑을 알고 그 너비와 길이와 높이와 깊이가 어떠함을 깨달아 하나님의 모든 충만하신 것으로 너희에게 충만하게 하시기를 구하노라

매우 아름다운 말씀입니다. 여기에서 우리는 바울이 능력의 영과 명철의 영과 지식의 영이 나타나도록 기도하는 것을 볼 수 있습니다. 그런 다음, 바울은 "하나님의 모든 충만하신 것으로 너희에게 충만하게 하시기를" 기도하면서 그 모든 것을 마무리합니다. 그것은 하나님의 일곱 영 모두를 묘사하고 있습니다. 이것이 에베소 그리스도인들에게 유익하고 필수적인 것이었다면, 오늘날 우리에게는 더욱 필요합니다.

하나님께서는 당신 삶 가운데 진정으로 무언가를 하기를 원하십니다. 당신이 하나님의 영의 제한된 분량 가운데 행하는 것은

옳지 않습니다. 그런 식으로는 실패하게 될 것입니다. 당신은 하나님의 영의 모든 충만함으로 채워질 필요가 있습니다.

성령님을 위한 자리를 마련하라

이제 이런 질문을 할 수 있습니다. 당신은 당신 삶 가운데 성령님을 위한 자리가 있습니까? 아직 당신의 심령에 성령님을 위한 여백이 있습니까? 아니면 모든 종류의 염려와 관심사들로 당신의 심령이 꽉 차 있습니까? 당신은 의식적으로 당신 삶 가운데 불순물을 제거하고, 성령님을 위한 자리를 마련해야 합니다.

누가복음 4:18에서 예수님께서는 다음과 같이 말씀하셨습니다.

> 눅 4:18
> 주의 성령이 내게 임하셨으니 이는 가난한 자에게 복음을 전하게 하시려고 내게 기름을 부으시고 나를 보내사 포로 된 자에게 자유를 눈 먼 자에게 다시 보게 함을 전파하며 눌린 자를 자유롭게 하고

주의 영은 당신이 어떤 것들을 행하도록 능력으로 돕는 분입니다. 그러므로 그분은 당신이 읽은 그대로 지금도 당신 안에서 기능하고 계십니다. 당신이 사역자일 수도 있겠지요. 당신은 주의

영이 당신에게 기름을 부으시도록 해야 합니다. 당신의 사역에 그 기름부음이 있어야 합니다. 그렇지 않다면 당신의 사역은 공허할 것입니다.

기억하십시오. 하나님의 성령은 인격체이십니다. 그분은 물건도 아니고, 유동체나 기름이나 물이나 구름이나 가스도 아닙니다. 그러므로 "자, 그들이 나에게 기름을 부어서 나를 임명했어. 그러니까 그 기름이 지금도 나한테 부어져 있어."라고 생각하지 마십시오.

당신이 사역자로 임명받았던 그 날 기름부음이 당신 위에 임한 것은 사실입니다. 그러나 지금 당신은 얼마나 기름부음으로 행하고 있습니까? 어떤 사람들은 하나님의 일곱 영 중에서 오직 자신들이 천국에 간다고 확신하게 하는 단 하나의 영만을 삶에서 누리고 있습니다. 그래서는 안 됩니다. 당신은 하나님의 모든 충만함으로 충만해질 수 있습니다!

기억하십시오, 성경은 하나님의 이 일곱 영이 온 땅으로 보내졌다고 말씀합니다(계 5:6). 이는 하나님의 영이 전 세계에 걸쳐 충만하게 나타나며 역사하고 계시다는 뜻입니다. 그분은 항상 그분과 동행하는 자들과 더불어서 큰일을 행하고 계십니다.

삶이 공허하고 감동이 없는 그리스도인이 있을 수도 있습니다. 그는 단지 매일 성경 한두 구절을 읽고는 "오 하나님, 어제도, 오늘도, 내일도 감사합니다. 나와 내 가족을 축복해주세요. 모든 사람을 축복해주세요. 전 세계를 축복해주세요. 하나님은 더하여주시고, 마귀는 빼주세요, 예수님의 이름으로 기도드립니다. 아멘." 이라고 기도합니다. 그는 그런 기도밖에 모릅니다!

다른 어떤 사람들은 하루에 일주일치 기도를 합니다. 그들은 매우 일찍 일터에 나가기 때문에 아침에는 기도할 시간이 없다고 말합니다. 그래서 그들은 매주 주일 예배 시간에 일주일치 기도를 합니다. 그들은 "주님, 이 기도는 월요일과 화요일과 수요일과 목요일과 금요일과 토요일치 기도입니다."라고 말합니다. 그들은 자신의 기도가 일주일 분량으로 충분히 쌓인다는 상상을 하면서 특별히 열심을 내어 기도합니다. 그리고는 월요일부터 토요일까지 하고 싶은 일을 다 합니다. 그러다 또 주일이 오면, 교회에 가서 다른 한 주를 위해 기도를 쌓습니다. 하나님께서는 당신이 그렇게 살기를 원치 않으십니다.

이스라엘 자녀들을 먹이시려고 하늘에서 만나를 보내셨을 때, 하나님께서는 그들에게 "너희는 오늘 내린 만나는 오늘 먹어야 한다. 내일을 위해 남겨두지 말라. 내일을 위해서는 내일 너희가 먹을 신선한 만나가 있을 것이다."(출 16:19)라고 말씀하셨습니다.

이 말씀은 우리가 매일 성령의 섬김을 받아야 한다는 것을 알려줍니다. 왜냐하면 우리는 매일의 삶 가운데 그분의 안내를 필요로 하기 때문입니다. 어제의 안내는 오늘을 위해서는 충분치 않을 것이며, 오늘의 안내는 내일을 위해서는 충분치 않을 것입니다. 우리는 오늘 그분과 교통해야 합니다. "지금" 말입니다. 우리는 오늘 성령님과 함께, 성령님 안에서 행해야 합니다!

기도하고 성령으로 충만해지는 법

당신이 기도하고 성령 충만하게 되어서 성령님께서 당신의 날을 담당하시도록 허락한다면, 당신은 삶의 모든 영역에서 놀라운 증가를 체험하게 될 것입니다. 그것이 바로 당신이 다음과 같이 기도하는 법을 배워야 하는 이유입니다.

아버지, 주 예수의 이름으로 제가 허락하기만 한다면, 당신께서 저의 환경을 책임지실 것임을 저는 하나님의 말씀으로부터 깨닫습니다. 당신은 제 삶의 주님이십니다. 그러므로 저는 당신이 이미 저를 위해 계획하신 행로로 오늘 제 발걸음을 정하기를 기도합니다. 저는 당신이 오늘 제가 만나도록 계획하신 사람들만 만나며, 당신이 오늘 제가 듣도록 계획하신 것만 들으며, 당신이 오늘 제가 말하도록 계획하신 것들만 말하기를 원합니다.

저는 오늘 하나님의 자녀로서 성령의 기름부음 안에서 기능합니다. 저는 주 예수의 이름으로 당신의 빛 가운데서 걷습니다.

오늘 저의 세계에 누구도 우연하게 오는 법은 없습니다. 주 예수의 이름으로 통치의 영이 오늘 제 안에서 역사합니다.

나는 두려워하기를 거부합니다! 죽음의 그림자의 골짜기를 통과할지라도 나는 어떤 악도 두려워하지 않습니다! 이는 당신이 나와 함께 하시기 때문입니다. 당신의 지팡이와 막대기가 나를 안위합니다. 나는 오늘 패배하는 것을 거부합니다! 이는 내가 그리스도 예수 안에서 승리자이기 때문입니다. 나는 주 예수의 이름 안에서 정복자보다 나은 자입니다!

주님, 주님의 임재가 오늘 저와 함께 하시니 감사합니다. 탁월한 영이 제 안에서 역사하심을 감사합니다. 저는 어리석게 행동하거나 어리석은 말을 하지 않습니다. 하나님의 지혜가 제 입에 있으니, 저는 오늘 성령으로 조언의 말을 줍니다. 저는 오늘 성령으로 사람들을 대합니다. 저는 오늘 하나님의 눈으로 봅니다. 주 예수의 이름으로 선언합니다.

오 주 하나님, 오늘 좋은 것들이 제 길에 오고 있음을 인하여 감사드립니다. 저는 주 예수의 이름으로 받습니다. 오늘 저는 주는 자입니다. 주 예수의 이름으로 저는 오늘 축복하는 자입니다. 저의 몸을 당신께 내어드립니다. 저의 모든 세포와 뼈는 성령님을 위한 것입니다. 저는 오늘 당신의 살아있는 성전입니다. 저를 통해 말씀하소서. 저를 통해 움직이소서. 제 안에서 행하소서. 제 안에서 말씀하소서. 주 예수의 이름으로 기도합니다.

하나님의 건강이 내 안에 있습니다! 나는 내 몸이 병과 질병과 약함에 굴복당하는 것을 거부합니다! 내 몸의 모든 세포는 하나님의 생명으로 넘치고 있습니다. 나는 예수의 이름으로 신성한 건강 안에서 행하고 있습니다! 하나님께 영광 드립니다!

당신이 이처럼 기도한다면 어떻게 패배당할 수 있겠습니까? 당신의 영은 일어났습니다! 이 지점에서 기도를 멈추지 마십시오. 왜냐하면 그 이상이 있기 때문입니다. 다음과 같이 계속해서 선언하십시오.

주님, 명철의 영과 지식의 영이 제 안에서 기능하고 있음을 감사합니다. 저는 오늘 하나님의 말씀을 공부하며 깨닫습니다. 저는 말씀을 볼 수 있고, 들을 수 있으며, 깨달을 수 있습니다. 그러므로 말씀은 제 안에서 역사하고 있으며, 말씀을 말하는 제 입은 닫히지 않을 것입니다. 저는 제가 하나님께 받은 것들과 하나님의 계시에 대해 주 예수의 이름으로 담대히 말할 것입니다.

세상의 나라들은 저를 기다리고 있습니다. 그래서 저는 주의 이름으로 나아갑니다. 저는 하나님께 사명을 받았고 보냄을 받았습니다. 저는 하나님으로부터 세상을 향한 메시지를 받았고, 그들은 그 메시지를 예수의 이름으로 들을 것입니다. 세상아, 기다려라, 내가 간다!

당신은 당신의 가족, 그리고 당신이 함께 일하는 사람들을 위해서도 성령 안에서 기도할 수 있습니다. 당신은 이 기도를 당신에게 맞게 고쳐서, 당신의 가족, 친구, 동료의 이름을 적절한 곳에다 넣을 수 있습니다.

아버지, 제 자녀들로 인해 감사드립니다. 기름부음이 그들 위에 있습니다. 그들은 하나님의 뜻만 행합니다. 그들은 하나님의 일만 합니다. 그들은 예수의 이름으로 하나님의 말씀 안에서만 삽니다. 지옥에서 나온 어떤 마귀도 그들을 건드릴 수 없습니다. 아버지, 제 아내의 입과 심령에 지혜가 있음으로 인해 감사드립니다. 제 아내는 오늘 주 예수의 이름으로 하나님께서 주시는 것들 안에서 기능합니다.

저는 나와 관계하는 모든 이들을 위해 예수의 이름으로 기도합니다. 그들은 하나님의 뜻만을 행하며, 하나님의 생각만을 생각합니다. 들어갈 때나 나갈 때나 그들 중 누구도 마귀에게 굴복당하지 않습니다. 주 예수의 이름으로 그들의 입과 심령에 하나님의 말씀이 있습니다!

하나님께 영광을 드립니다! 이것이 내가 기도하는 방식입니다. "오 하나님, 나를 도와주세요. 오 하나님, 나를 축복해주세요. 오 하나님, 나를 구해주세요……."하는 기도보다 이것이 낫지 않습니까?

나는 아둔하고 부정적인 기도를 할 수 없습니다. 나는 하나님께 손을 올리고 선언합니다. "아버지, 저는 복 받았습니다. 저는 복 받은 사람입니다. 저는 당신께 어떻게 충분히 감사해야 할지 모르겠습니다. 당신은 황송할 정도로 저를 엄청나게 축복하셨습니다. 하나님의 말씀은 하나님께서 저를 축복하셨다고 말하고 있고, 제가 제 삶을 볼 때도 제가 정말 그렇게 되었고 또한 제 삶에 오는 모든 사람들도 복을 받은 것을 알았습니다. 하나님께 영광을 돌립니다! 저는 복을 받았습니다!"

이것이 내가 기도하는 방식입니다. 왜냐하면 이것이 하나님께서 우리에게 기도하라고 말씀하셨던 방식이기 때문입니다. 이처럼 기도할 때 나는 성령으로 충만해집니다. 때로 내가 "**주님, 당신은 우리에게 성령으로 충만함을 받고 시와 찬송과 신령한 노래들로 서로 화답하라고 말씀하셨습니다. 지금, 저는 당신**

께 시를 지어드릴 것이며, 당신께 노래를 지어드릴 것입니다."라고 말하고, 그렇게 하기 시작할 때 나는 하나님의 영으로 충만해집니다.

지금 당신이 읽고 있는 중에도, 하나님의 영은 당신 안에서 이미 역사하고 계십니다. 바로 지금 당신 안에서 무슨 일이 일어나고 있습니다. 성령의 불이 당신의 심령에서 타고 있습니다. 그러므로 기다리지 마십시오. 그 흐름으로 들어가십시오!

하나님을 경배하며 하나님께 감사드리십시오. 기도와 찬양과 예언으로 하나님의 말씀을 선포하기 시작하십시오. 시와 찬미와 영적인 노래들로 당신 자신에게 말하십시오. 그러면 당신은 성령으로 충만해질 것입니다.

기억하십시오, 우리는 하나님 앞에서 왕과 제사장이 되었습니다(계 1:6). 그러므로 성령 안에서 기도하기 시작하십시오. 성령 안에서 노래하십시오. 성령 안에서 춤추십시오. 성령 안에서 웃으십시오. 계속해서 하나님을 찬양하고, 계속해서 하나님의 임재 가운데 기뻐하십시오. 왜냐하면 하나님의 임재 가운데 충만한 기쁨이 있기 때문입니다. 뒤로 물러서지 마십시오. 성령으로 취할 때까지 충만해지십시오. 그곳이 당신이 하나님의 일곱 영 전부 가운데 기능하는 지점입니다. 그것이 그치지 않는 기적의 삶에 대한 비결입니다.

「말씀의 실재」 정기구독 안내

매일의 묵상집 **「말씀의 실재」**는 수백만 부가 130개어로 번역되어 160개국에 배부되고 있으며, 계시와 가르침, 실제적인 사례, 말씀에 기초한 기도와 고백, 성경 읽기 계획, 참고 성경 구절들로 구성되어 있습니다.

크리스 & 애니타 오야킬로메 지음

한글판 : 값 1,000원 / 영문판 : 값 2,000원

♧ **1년 정기구독료** : 한글판 : 16,500원, 영문판 : 30,000원 / 일반우편
♧ **구독료 납입계좌** : 외환은행 620-168090-022(예금주 : 최순애)
♧ **구독신청 방법** : T. 031) 8005-5483 / 5493, 홈페이지 http://faithbook.kr
♧ **배 송 기 간** : 일반우편(배송조회 불가) 3~5일 / 택배 또는 등기 1~2일

수량	책 값	배송료	배송방법	1년 정기구독료
1권	1,000원	500원	일반우편	16,500원
2권	2,000원	700원	일반우편	29,700원
3권	3,000원	1,000원	일반우편	44,000원
4권	4,000원	1,200원	일반우편	57,200원
5권	5,000원	2,500원	택 배	82,500원

※ 5권 이상 신청시에는 개별 문의 바랍니다.

♧ **무료 정기구독** : 의무 현역 사병과 복역중인 수감자는 1년간 무료로 받아 보실 수 있습니다.

「말씀의 실재」 동영상 설교

예닮교회 김진호 · 최순애 목사의 매일 「말씀의실재」 동영상 설교를 예닮교회 **홈페이지(www.jesuslike.org)** 에서 하루 먼저 들으실 수 있습니다.

예닮선교센터 | Word of Faith Mission Center

■ 예닮교회 ■ 예수선교사관학교 ■ 믿음의말씀사

경기도 용인시 기흥구 마북동 323-4
T.031) 8005-8894~6, 7(F) **www.jesuslike.org**

크리스 오야킬로메 목사의 저서

여기서 머물지 말라
크리스 오야킬로메 지음 · 김진호 옮김 / 46판 72 p / 값 2,500원

이 책은 당신이 영적인 성장을 사모하며 당신이 편안하게 거주하던 지역에서 나오도록 하여 영의 깊은 영역으로 들어가도록 당신을 흔들어 일깨울 것입니다.

이제 당신이 거듭났으니
크리스 오야킬로메 지음 · 김진호 옮김 / 문고판 64p / 값 1,500원

이 책은 당신이 그리스도 안에서 값없이 주어진 모든 것들을 알게 될 뿐만 아니라 그리스도 예수 안에서 새로운 삶을 시작하는데 도움을 줄 것입니다.

당신의 인생을 재창조하라
크리스 오야킬로메 지음 · Paula Kim 옮김 / 국판 48 p / 값 2,000원

당신은 인생의 환경을 재창조할 수 있고 그 환경을 당신에게 맞도록 바꿀 수 있습니다. 하나님의 말씀은 그것이 말하는 것을 생산할 수 있는 능력이 있습니다.

이 마차에 함께 타라
크리스 오야킬로메 지음 · Paula Kim 옮김 / 국판 128 p / 값 5,000원

이 책은 신자들이 효과적인 전도를 할 수 있도록 그리스도의 복음으로 자기의 세계에 영향력을 행사하는 실질적인 단계를 가르쳐 주고 동기를 부여해줍니다.

그리스도 안에 있는 당신의 권리
크리스 오야킬로메 지음 · Paula Kim 옮김 / 국판 64 p / 값 2,500원

그리스도 안에서 당신은 선택할 수 있는 권리, 살 수 있는 권리, 통치할 수 있는 권리를 가지고 있습니다. 이 책에서 당신의 권리를 행사하는 법을 배우십시오!

성령님과 당신
크리스 오야킬로메 지음 · Paula Kim 옮김 / 국판 64 p / 값 2,500원

이 책은 당신에게 성령님과 친밀한 관계를 갖고자 하는 깊은 열망을 불러일으킬 뿐만 아니라, 그런 관계를 발전시킬 수 있도록 도와줄 것입니다.

성령님이 당신 안에서 행하실 일곱 가지
크리스 오야킬로메 지음 · Paula Kim 옮김 / 국판 80 p / 값 3,500원

성령님이 당신 안에서 행하실 일곱 가지 일을 제시합니다. 이는 당신이 성령님을 받아들이고 그분께 완전히 내어드릴 때 삶에서 누리게 될 중요한 축복들입니다.

성령님이 당신을 위해 행하실 일곱 가지
크리스 오야킬로메 지음 · Paula Kim 옮김 / 국판 72 p / 값 3,000원

성령님과 그분이 당신의 삶에 주실 축복의 충만함을 발견할 신세계로 들어오십시오. 그분의 놀라운 임재와 매일 초자연적인 삶을 사는 법을 배우십시오!

방언의 능력
크리스 오야킬로메 지음 · Paula Kim 옮김 / 문고판 48 p / 값 1,000원

방언으로 말하는 것은 그리스도인들 속에 있는 능력의 자물쇠를 풀어놓아 기적이 일어나게 하며 당신의 삶 가운데 달라붙어 있던 문제를 해결할 것입니다!

당신의 치유를 유지하기
크리스 오야킬로메 지음 · Paula Kim 옮김 / 문고판 24 p / 값 500원

하나님께서는 당신이 치유받을 뿐만 아니라 항상 건강 안에서 유지하기를 바라십니다. 이 책은 당신이 치유를 유지하는데 도움을 줄 매우 실제적인 지침서입니다.

기적을 받고 유지하는 법
크리스 오야킬로메 지음 · Paula Kim 옮김 / 국판 64 p / 값 2,500원

당신은 기적이 필요하십니까? 당신의 상황들에 인간의 이성과 능력을 초월하시는 하나님의 초자연적인 개입을 필요로 하십니까? 기적을 받는 법을 배우십시오.

하나님께서 당신을 방문하실 때
크리스 오야킬로메 지음 · Paula Kim 옮김 / 국판 80 p / 값 3,500원

크리스 목사님은 성경 인물들의 삶을 통해 당신이 어떻게 스스로를 하나님의 방문을 받는 자리에 두고, 당신이 열망했던 변화를 경험할 수 있는지 나누고 있습니다.

올바른 방식으로 기도하기
크리스 오야킬로메 지음 · Paula Kim 옮김 / 국판 64 p / 값 2,500원

효과적인 기도를 위한 능력 있는 원리를 통해 당신 안에 있는 기도의 열정에 불을 붙여줍니다. 당신은 기도에 응답을 받으며 기쁨과 평안의 삶을 누릴 것입니다.

당신의 믿음을 역사하게 하는 법
크리스 오야킬로메 지음 · Paula Kim 옮김 / 국판 112 p / 값 5,000원

이 책은 당신의 믿음을 역사하게 하여 하나님께서 당신을 위해 계획하신 승리와 성공과 기쁨과 건강과 형통의 삶을 사는 방법을 가르쳐 주는 탁월한 명작입니다.

끝없이 샘솟는 기쁨
애니타 오야킬로메 지음 · Paula Kim 옮김 / 국판 32 p / 값 1,500원

세상이 주는 행복은 잠깐입니다. 진정한 행복은 유일한 근원이신 하나님으로부터 옵니다! 이는 구원의 넘치는 샘에서 나오는 끝없는 기쁨입니다.

기름과 겉옷
크리스 오야킬로메 지음 · Paula Kim 옮김 / 국판 96 p / 값 4,000원

이 책은 기적을 행하기 위해 물질적 매개체를 사용하는 것에 대한 신화를 폭로하고 하나님의 생각을 명확하게 드러내어 당신을 진리 안에 세워 줄 명쾌한 보고서입니다.

약속의 땅
크리스 오야킬로메 지음 · Paula Kim 옮김 / 국판 224 p / 값 8,000원

우리는 하나님의 약속의 땅에 들어왔습니다. 이 책은 모든 그리스도인이 알아야 할 그 땅 안에서의 삶과 하나님께로부터 온 신성한 권리들로 채워져 있습니다.

하나님의 일곱 영
크리스 오야킬로메 지음 · Paula Kim 옮김 / 국판 112 p / 값 5,000원

이 책은 믿는 자에게 일어나는 성령님의 능력과 역사의 깊이를 드러냅니다. 당신은 성령님의 더 깊은 차원을 발견하여, 기적적이고 초자연적인 삶을 살 것입니다.

예언
크리스 오야킬로메 지음 · Paula Kim 옮김 / 국판 88 p / 값 4,000원

우리는 예언적 말씀의 산물입니다. 이 책을 통해 예언이라는 능력 있는 은사를 이용하여 당신의 삶의 경로를 명하고, 당신의 운명을 다스리는 법을 배우십시오!

믿음의 말씀사 출판물

믿음의 말씀사에서 발행되는 모든 도서는 본사에서 직영판매하며, 본사 대표전화 또는 홈페이지를 통해서 구입이 가능합니다. 구입문의 : **031-8005-5483 / 5493 http://faithbook.kr**

케네스 해긴의 「믿음 도서관」 책들

- 믿는 자의 권세 (생애기념판) · 값 13,000원
- 당신이 알아야 하는 신유에 관한 일곱 가지 원리 · 값 5,000원
- 기도의 기술 · 값 7,000원
- 인간의 세 가지 본성 · 값 5,500원
- 어떻게 하나님의 영으로 인도받을 수 있는가? · 값 10,000원
- 믿음의 계단 · 값 8,500원
- 마이더스 터치 · 값 10,000원
- 당신을 향한 하나님의 계획 · 값 8,500원
- 하나님 가족의 특권 · 값 6,500원
- 나는 환상을 믿습니다 · 값 7,000원
- 하나님의 계획과 목적과 추구 · 값 8,000원
- 역사하는 기도 · 값 9,000원
- 병을 고치는 하나님의 말씀 · 값 7,000원
- 영적 성장 · 값 7,000원
- 치유의 기름부음 · 값 10,000원
- 크게 성장하는 믿음 · 값 6,000원
- 신선한 기름부음 · 값 7,000원
- 예수 열린 문 · 값 8,000원
- 믿음이란 무엇인가 · 값 2,500원
- 진짜 믿음 · 값 2,000원
- 기름부음의 이해 · 값 9,000원
- 그리스도께서 지금 하고 계시는 일 · 값 2,500원
- 승리하는 교회 · 값 15,000원
- 믿음의 양식 · 값 13,000원
- 조에 · 값 4,000원
- 그리스도의 선물 · 값 12,000원
- 믿음이 흔들리고 패배한 것 같을 때 승리를 얻는 법 · 값 7,000원
- 충분하고도 넘치는 하나님 엘 샤다이 · 값 2,500원
- 하나님의 말씀 : 모든 것을 고치는 치료제 · 값 3,000원
- 믿음의 선한 싸움을 싸우는 법 · 값 7,000원
- 내주하시는 성령 임하시는 성령 · 값 9,000원
- 방언 · 값 12,000원
- 재정적인 번영에 대한 성경적 열쇠들 · 값 9,000원
- 금식에 관한 상식 · 값 2,500원
- 가족을 섬기는 법 · 값 3,000원
- 여성에 관한 질문들 · 값 5,000원
- 그리스도 안에서 · 값 1,000원
- 새로운 탄생 · 값 1,000원
- 방언기도의 능력을 풀어 놓으라 · 값 1,200원
- 재정 분야의 순종 · 값 1,000원
- 말 · 값 1,200원
- 나는 지옥에 갔다 왔습니다 · 값 1,000원
- 하나님의 처방약 · 값 1,000원
- 더 좋은 언약 · 값 1,000원
- 옳은 사고방식 틀린 사고방식 · 값 1,200원
- 속량 - 가난, 질병, 영적 죽음에서 값 주고 되사다 · 값 1,200원
- 예수의 보배로운 피 · 값 1,000원
- 하나님을 탓하지 마십시오 · 값 1,000원
- 네 주장을 변론하라 · 값 1,000원
- 셀 모임에서 성령인도 받기 · 값 1,000원
- 네 염려를 주께 맡겨라 · 값 2,000원
- 성령을 받는 성경적인 방법 · 값 1,200원
- 안수 · 값 1,000원
- 치유를 유지하는 법 · 값 1,000원
- 사랑은 결코 실패하지 않습니다 · 값 1,000원
- 예언을 분별하는 일곱 단계 · 값 2,000원
- 절망적인 상황을 반전시키기 · 값 2,000원
- 당신의 믿음을 풀어 놓는 법 · 값 2,000원
- 하나님의 영광 · 값 1,200원
- 하나님께서 내게 가르쳐 주신 행동의 계시 · 값 1,000원
- 왜 능력 아래 쓰러지는가? · 값 1,000원

기타 「믿음의 말씀」 설교자의 책들

- 성령의 삶 능력의 삶 | 데이브 로버슨 지음 · 값 13,000원
- 왕과 제사장 | 김진호 지음 · 값 6,500원
- 새로운 피조물의 실재 | 김진호 지음 · 값 9,000원
- 믿음의 반석 | 최순애 지음 · 값 12,000원
- 새 언약의 기도 | 최순애 지음 · 값 8,000원
- 새로운 피조물 고백기도집 | 최순애 지음 · 값 4,000원
- 위글스워스: 하나님과 함께 동행했던 사람 | 조지 스토몬트 지음 · 값 7,000원
- 위글스워스: 하나님의 능력으로 불타오른 삶 | 윌라엄 헤킹 지음 · 값 5,000원
- 승리하는 믿음 | 스미스 위글스워스 지음 · 값 4,000원
- 스미스 위글스워스의 천국 | 스미스 위글스워스 지음 · 값 11,000원
- 스미스 위글스워스의 매일묵상 | 스미스 위글스워스 지음 · 값 20,000원
- 위글스워스는 이렇게 했다 | 피터 J. 매든 지음 · 값 9,000원
- 스미스 위글스워스의 능력의 비밀 | 피터 J. 매든 지음 · 값 7,000원
- 행동하는 신자들 | T. L. 오스본 지음 · 값 4,000원
- 기적 - 하나님 사랑의 증거 | T.L. 오스본 지음 · 값 4,500원
- 새롭게 시작하는 기적 인생 | T.L. 오스본/리도나 오스본 지음 · 값 8,000원
- 좋은 인생 | T. L. 오스본 지음 · 값 13,000원
- 성경적인 치유 | T.L. 오스본 지음 · 값 10,000원
- 능력으로 역사하는 메시지 | T.L. 오스본 지음 · 값 12,000원
- 100개의 신유 진리 | T.L. 오스본 지음 · 값 1,000원
- 24 기도 원리 7 기도 우선순위 | T.L. 오스본 지음 · 값 1,000원
- 하나님의 큰 그림 | 리도나 C. 오스본 지음 · 값 5,500원
- 믿음의 말씀 고백 기도집 | 잔 오스틴 지음
- 하나님의 사랑의 흐름 | 잔 오스틴 지음
- 견고한 진 무너뜨리기 | 잔 오스틴 지음
- 초자연적인 흐름을 따르는 법 | 잔 오스틴 지음
- 당신의 운명을 바꿀 수 있습니다 | 잔 오스틴 지음
- 어떻게 하나님의 능력을 풀어놓을 수 있는가? | 잔 오스틴 지음
- 복을 취하는 법 | R.R.쏘아레스 지음 · 값 5,500원
- 주는 자에게 복이 되는 선물 | R.R.쏘아레스 지음 · 값 6,000원
- 믿음으로 사는 삶 | 코넬리나 나훔 지음 · 값 6,000원
- 그리스도 안에 있는 나를 인정하기 | 마크 행킨스 지음 · 값 1,000원
- 방언기도학교 31일 | 크리스/애나타 오킬로메 지음 · 값 2,500원
- 붉은 줄의 기적 | 리차드 부커 지음 · 값 10,000원
- 당신은 이미 가졌습니다 | 앤드류 워맥 지음 · 값 11,000원
- 당신이 말한 대로 얻게 됩니다 | 돈 고셋 지음 · 값 10,000원
- 예수-치유의 길 건강의 능력 | 윌포드 H. 리트 지음 · 값 11,000원
- 믿음과 고백 | 찰스 캡스 지음 · 값 12,000원
- 임재 중심 교회 | 테리 테이클/린 폰더 지음 · 값 11,000원